左手鬼谷子
右手菜根谭

蔡践 ◎ 著

成都时代出版社
CHENGDU TIMES PRESS

图书在版编目（CIP）数据

左手鬼谷子　右手菜根谭 / 蔡践著 . –– 成都 : 成都
时代出版社, 2024.6

ISBN 978-7-5464-3442-1

Ⅰ . ①左… Ⅱ . ①蔡… Ⅲ . ①《鬼谷子》②《菜根谭》
Ⅳ . ①B228②B825

中国国家版本馆 CIP 数据核字 (2024) 第 075705 号

左手鬼谷子　右手菜根谭
ZUOSHOU GUIGUZI　YOUSHOU CAIGENTAN

蔡践　著

出 品 人	达　海
责任编辑	周小彦
责任校对	李　林
责任印制	黄　鑫　曾译乐
封面设计	荆棘设计
版式设计	范　磊
出版发行	成都时代出版社
电　　话	（028）86785923（编辑部）
	（028）86615250（发行部）
印　　刷	三河市宏顺兴印刷有限公司
规　　格	165mm×235mm
印　　张	14
字　　数	230 千字
版　　次	2024 年 6 月第 1 版
印　　次	2024 年 6 月第 1 次印刷
印　　数	1–20000
书　　号	ISBN 978-7-5464-3442-1
定　　价	68.00 元

《鬼谷子》是中国道家思想的重要典籍，素有"道家经典之首"之称。

该书的作者鬼谷子，姓王名诩，又名王禅，生活在春秋战国时期，当时中华大地处于诸侯割据、群雄并起、战争频繁的局面，非统一的客观环境催生出多种文化思潮，一些军事、政治、纵横等方面的学者应运而生，他们纷纷著书立说，自成学派，到处宣传自己的主张，因而出现了百家争鸣的局面。

在当时的情景下，鬼谷子通过巧妙的宣传和教导，以文字传道等方式，成为一个影响历史的著名思想家、教育家、哲学家、军事家。因隐居清溪之鬼谷，故自称鬼谷先生。

其传世的《鬼谷子》一书，内容丰富，思想深刻，是中国古代智慧的结晶。它不仅包含了丰富的谋略和实用的处世方法，并体现了中国古代优秀文化和知识的精髓，成为古代智慧的宝库。其中阐述的关于纵横、捭阖、反应、内楗、抵巇、飞箝、揣情、摩意、权量等一系列谋略主张，对现实中的人际交往、企业管理、决策应对、情绪掌控等能力方面的提升，具有一定的实用价值和指导意义。因此，该书虽历经千年，却始终流传广泛，影响巨大。

《菜根谭》一书为明代洪应明所著，是一部论述修养、人生、处世、出世的语录集，其中充满了经邦治国的谋略。《菜根谭》中充满了思辨："子生而母危，镪积而盗窥，何喜非忧也？贫可以节用，病可以保身，何忧非喜也？"在生活中，辩证地看待问题，才不会被困境所迷惑、被阻碍所打倒。

该书用透视的眼光去阐述人生历史："自老视少，可以消奔驰角逐之心；自瘁视荣，可以绝纷华靡丽之念。"有了洞穿历史的深邃，他才能不随世尘飞扬，保持冷静。书里曾引用邵雍的诗："昔日所云我，而今却是伊。不知今日我，又属后来谁？"这是一种对自我存在的思考。他不只关注人类，也充满了对宇宙万物的终极关怀。"人情听莺啼则喜，闻蛙鸣则厌；见花则思培之，遇草则欲去之，但以形气用事；若以性天视之，何者非自鸣天机，非自畅其生意也。"他的思维超出了狭隘功利，超出了个人生命，走向广阔的天地。

《菜根谭》以达观的心态、率真的方式还原人生本来面目，充满了"处治世宜方，乱世宜圆"等富于变通的处世哲学。

《鬼谷子》讲的是"入世"，《菜根谭》说的是"出世"。以《鬼谷子》的方法做事，以《菜根谭》的心态做人，即本书宗旨所在。

目录

上编　做事应学《鬼谷子》

捭阖第一　纵横捭阖，把握关键

　　1．顺应时势，稳健立足 ……………… 2

　　2．把握关键，善于寻找突破口 ……… 5

　　3．守好心灵的关口 …………………… 7

　　4．周详缜密，攻守兼备 ……………… 9

反应第二　明察秋毫，以静制动

　　1．听话听音，说话有据 ……………… 12

　　2．蜘蛛捕虫，张网以待 ……………… 14

　　3．声情并茂，引起共鸣 ……………… 16

　　4．方圆并用，随机应变 ……………… 19

内楗第三　清静自守，心地明朗而不惑

　　1．把握向上司进言的说话技巧 ……… 23

　　2．揣测心意，有效说服 ……………… 26

　　3．注重团结与合作 …………………… 28

1

抵巇第四　注重细节，防微杜渐

1．防微杜渐，防患未然 …………………… 30

2．欲成大事，必重小节 …………………… 33

3．运用"抵巇"，消灭祸患于萌芽之中 …………… 35

4．革旧迎新，顺势而动 …………………… 36

飞箝第五　对人才的识别与控制收放自如，精明用人

1．要善于发掘和使用人才 …………………… 39

2．礼贤下士，吸引人才 …………………… 41

3．善施恩德笼络人心 …………………… 45

4．谨慎控制人才，不可丧失其度 …………… 47

忤合第六　当进则进，当退则退

1．联合或对抗都应有相应的计策 …………… 51

2．把握好进退的节奏 …………………… 55

3．认识自我才能找到用武之地 …………… 57

4．掌握主动，一举制胜 …………………… 60

揣篇第七　权衡利弊，揣人情直指人心

1．有所为有所不为 …………………… 62

2．度于大小，谋于众寡 …………………… 64

3．度势用兵，揣情待人 …………………… 67

4．摸透人心争取主动 …………………… 70

摩篇第八　洞若观火，明确意图择法行

　　1．在隐藏与伪装中达成目的 ················ 74

　　2．谋之于阴，成之于阳 ···················· 77

　　3．把握好分寸，合理看待利益 ············ 79

　　4．从别人忽略处谋划 ······················ 81

权篇第九　善于权衡，巧于施言

　　1．不要被表面的情形所迷惑 ·············· 84

　　2．学会控制情绪，利用情绪 ·············· 87

　　3．善于措辞，语气恰当 ···················· 90

谋篇第十　足智多谋，妙计制胜

　　1．以逆向思维出奇制胜 ···················· 93

　　2．求同存异，善于寻求共同点 ············ 95

　　3．结而无隙，朋友间的团结最重要 ········ 97

决篇第十一　决情定疑，万事之机

　　1．权衡利弊，合理决断 ·················· 100

　　2．决断贵在于心 ························· 103

　　3．当断不断，反受其乱 ·················· 105

符言第十二　顺天应人，遵规循理讲准则

　　1．正确看待手中的权力 ·················· 108

　　2．虚心听取不同的意见 ·················· 111

　　3．赏罚分明，公正守信 ·················· 112

下编　做人应读《菜根谭》

一　处世让一步为高，待人宽一分是福

1．让步为高，宽人是福 ·················118

2．心地放宽，恩泽流长 ·················121

3．知退一步，须让三分 ·················123

4．量宽福厚，器小禄薄 ·················125

二　找到正确的处世方式，达到做人的最高境界

1．责备别人不可太刻薄 ·················128

2．恩威并施，宽严互用 ·················131

3．名不独享，过不推脱 ·················134

4．人要学会适可而止 ·················136

三　宁静以致远，淡泊以明志

1．宁受一时之寂寞，毋取万古之凄凉 ·······140

2．真味是淡，至人如常 ·················142

3．志存高远，胸怀天下 ·················144

4．持身不可太皎洁，与人不可太分明 ·······147

四　能屈能伸，能进能退

1．藏巧于拙，以屈为伸 ·················150

2．能屈能伸才是真英雄 ·················155

3．大器晚成也堪用 ·················156

五　得福而不忘形，持性而不惧法

1．快意时早回首，拂心处莫放手 ………… 159

2．忘怨忘过，念功念恩 ………… 163

3．毋形人短，不恃己长 ………… 165

4．忠恕待人，养德远害 ………… 169

六　不为权势利禄所羁，不为功名毁誉所累

1．贪得不富，知足不贫 ………… 171

2．矜则无功，悔能减过 ………… 174

3．立身高一步，处世退一步 ………… 178

七　外圆内方，刚柔相济

1．出世涉世，了心尽心 ………… 181

2．心事宜明，才华须韫 ………… 183

3．春风解冻，和气消冰 ………… 186

八　交友须带三分侠气，做人要存一点素心

1．助人为乐者福泽绵长 ………… 190

2．施之不求，求之无功 ………… 196

3．趋炎附势，人情通患 ………… 197

九　求学问道贵在真，专心领悟长耕耘

1．绳锯木可断，滴水能穿石 ………… 200

2．学以致用，注重实际 ………… 203

3．书中有高雅，会意在心灵 ………… 206

4．敏而好学，不耻下问 ………… 208

参考文献 ………… 211

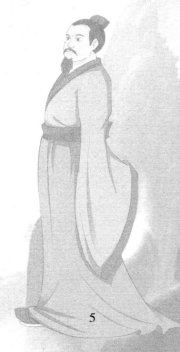

上编

做事应学《鬼谷子》

　　做事是我们生活的一部分，是我们与世界互动的方式，它可以创造人生的精彩，实现人生的梦想，彰显人生的意义。在广阔的人生舞台上，懂得做事的智慧，才能更好地施展才华，把生命的潜力发挥到极致，把所有的能量释放无余。

　　如何才能做好事？不是口头喊出来的，而是学出来的。鬼谷子的智慧，更多地体现在谋术上，所以做事学习《鬼谷子》，是一个实用的精明之道，是一种通往成功的重要方法。从中学到一些做事的智慧，我们的命运也许会有一定的改变。

捭阖第一
纵横捭阖，把握关键

　　"捭阖"是《鬼谷子》的开篇。在本篇中,《鬼谷子》洋洋洒洒,反复铺陈,证明"捭阖之术"是世间万物的根本道理,也是解决一切矛盾的钥匙。"捭阖"本是就门户而言:"捭"指开启,"阖"指闭藏,两者是对门户施加的一组相互对立的动作。在《鬼谷子》的思想体系中,"捭阖"是一对极为重要的哲学概念,既是万事万物发展变化的规律,也是纵横家游说活动的根本方法。《鬼谷子》总结出的"捭阖"之道旨在告诉人们:何时应敞开心扉,直言陈辞;何时应冷静观察,沉默不语。通过"捭"与"阖"的密切配合,把握事物发展的关键,从而达到知人、御人的目的。

1. 顺应时势，稳健立足

　　鬼谷子认为,捭阖之道的本义是纵横开合,这也体现了万事万物发展变化的规律。《鬼谷子》作为充满智慧的谋略奇书,用捭阖来总领其中的理论,其思想基础与当时中国的阴阳观是一致的。在鬼谷子看来,圣人之所以为圣人,最根本的就是要"守司其门户"。用现代话来说，就是善于分析并顺应时代发展的趋势。

夏朝末年，国势衰微，民不聊生，阶级矛盾日趋尖锐。到了夏桀即位后，荒淫无度，统治更加残暴。他"筑倾宫，饰瑶台，作琼室，立玉门"，日夜饮酒寻欢作乐。为了满足他的奢侈享受，他强征劳役无偿劳作，压榨百姓，老百姓苦不堪言，对他痛恨万分。夏桀众叛亲离，渐渐失尽人心。眼见夏桀德行败坏，国家内政不修，外患不断，商汤非常忧虑，于是开始了讨伐夏桀的谋划与准备，并在身边贤达之士伊尹的协助下，起兵灭夏。

【原文】

变化无穷，各有所归，或阴或阳，或柔或刚，或开或闭，或弛或张。是故圣人一守司其门户，审察其所先后，度权量能，校其伎巧短长。

【译文】

事物的变化是无穷无尽的，然而都各有自己的归宿，或者属阴，或者归阳；或者柔弱，或者刚强；或者开放，或者封闭；或者松弛，或者紧张。所以，圣人要始终把握事物发展变化的关键，度量对方的智谋，测量对方的能力，再比较技巧方面的长处和短处。

商汤在征伐夏桀之前，把将士们召集起来，还作了一篇《汤誓》，历数夏桀残暴不仁的罪行，坚定和鼓舞将士们的士气与讨伐决心。结果打败了夏桀，取得了彻底性的胜利，由此建立了商朝。

商朝末年，王位落到了纣王手中，政治黑暗，民不聊生，而西边的周族逐渐兴起，在周文王的领导下，实力足以与商朝抗衡。然而，深通易理的文王并没有贸然兴兵东进，而是对内施以仁政，对外剪除商纣的帮凶，同时扩大自己的势力范围。武王即位后，认为伐商的准备工作尚未完成，仍然韬光养晦，耐心地等待时机。

据司马迁在《史记·周本纪》中所说，武王曾率兵东进至孟津，天下诸侯纷纷响应，但武王认为商朝气数未尽，于是果断退兵。在吕尚等一班贤臣良将的辅佐之下，周族的实力得以迅速壮大。与此同时，商朝统治集团内部的矛盾却呈现白热化，商纣王饰过拒谏，肆意胡为，残杀王族重臣比干，囚禁箕子，逼走微子。武王、吕尚等人遂把握这一有利战机，决定大举伐纣，经过牧野之战，一役而胜，结束了商朝的统治。

商汤伐桀和武王伐纣都充分展现了知势顺势之道，在中国古代政治、军事史上，具有开创性的意义。

在现代商业领域，同样要遵循这一道理。一个企业，如果能顺应时代发展的需要，立足于服务社会，坚持自己的品牌战略，并由一个卓越的领导人带领，就大有可能迈向辉煌。

以电脑软件业巨头——微软公司为例，该公司引领全球信息化的浪潮，给人们的生产和生活带来了巨大便利。至于这艘商业巨轮的舵手比尔·盖茨，即便除去"世界首富"的炫目光环，我们依然能感受到他那份难得的执着与睿智。在一次接受《金融时报》采访时，比尔·盖茨诚恳地说："我有过颓废和胆怯。微软公司在起飞过程中遇到的困难和阻力一次比一次大，从技术难关、竞争对手的围攻

【原文】

夫贤、不肖，智、愚；勇、怯；仁义有差。乃可捭，乃可阖；乃可进，乃可退；乃可贱，乃可贵；无为以牧之。

【译文】

至于贤良和不肖，智慧和愚蠢，勇敢和怯懦，仁义道德水准，都是有区别的。对待不同的人，要采取不同的对策，或开放、或封闭；或进升、或辞退；或轻视、或敬重，都要顺乎自然地加以驾驭。

到政府的指控，如果我最终不是以勇气和毅力战胜颓废和胆怯，把难关变成发展的机会，恐怕早就被市场竞争的浪潮淹没了。"

由此可见，只有冷静分析并善于顺应时代发展的大趋势，才能稳健立足，占据主动，从而获得理想的硕果。

2. 把握关键，善于寻找突破口

当我们在工作和生活中面对纷繁复杂、千头万绪的事务时，要学会"十根手指弹钢琴"，统筹兼顾，聚焦重点，分清轻重缓急，避免"眉毛胡子一把抓"，一定要厘清思路，洞察事物的发展规律，从杂乱无章的问题中找到破局的关键，以实现"落一子而活全局"的大好局面。在这个瞬息万变的时代，要有针对性地发现问题，把握关键，精准发力，学会寻找突破口，这样才能使各类难题从根本上得到系统性解决。

我们在办事的时候，常常无从下手。其实，每个事物都有各自的特点，这就是所谓的突破口，我们应该学会寻找这个突破口，把握其关键，这样，解决问题就容易多了。我们来看看下面这个例子。

刘邦得了天下，定都洛阳。到了论功行赏的时候，文臣武将们议论纷纷，不少人已等不及了，早就开始自报功绩，互相争论功劳的大小。

可是，分封毕竟是一件极其重要的事情。刘邦先从功劳比较大的二十位亲信开始，对接下来如何分封其余文臣武将，

【原文】

审定有无，与其虚实，随其嗜欲以见其志意。微排其言，而捭反之，以求其实，实得其指。阖而捭之，以求其利。或开而示之，或阖而闭之。

【译文】

考察他们的有无与虚实，通过对他们嗜好和欲望的分析来揭示他们的志向和意愿。适当贬抑对方所说的话，当他们开放以后再反复考察，以便探察实情，切实把握对方言行的宗旨。让对方先封闭然后开放，以便抓住有利时机。或者开放，使之显现；或者封闭，使之隐藏。

还在考虑之中。

【原文】

开而示之者，同其情也。阖而闭之者，异其诚也。可与不可，审明其计谋，以原其同异。离合有守，先从其志。

【译文】

开放使其显现，是因为情趣相同；封闭使之隐藏，是因为诚意不一样。要区分什么可行、什么不可行，就要把那些计谋研究明白，计谋有与自己不相同的和相同的，必须有主见，并区别对待，也要注意跟踪对方的思想活动。

刘邦像

一天，刘邦在洛阳南宫边走边观望，只见一群武将在宫内不远的水池边，有的坐着，有的站着，交头接耳，在议论些什么，见到他都不吭声了。刘邦很奇怪，就把张良找来问道："你知道他们在谈论些什么吗？"张良答道："他们这是要聚众谋反呢！"刘邦大吃一惊："他们为什么要谋反呢？"张良平静地说："陛下从一个布衣平民起家，与众将共取天下，现在所封的都是以前的老朋友和自家的亲族，所诛杀的是平生自己最恨的人，这怎么不令人望而生畏呢？若是不得受封，以后难免被杀，朝不保夕，患得患失，所以就头脑发热，聚众谋反。"刘邦惊骇："那该怎么办呢？"张良想了一阵子对刘邦说："陛下平日在众将中有没有对谁特别不满？"刘邦说："我最恨的就是雍齿。我起兵时，他无故降魏，以后又自魏降赵，再自赵投降张耳。张耳归降于我时，也把他带来了。现在灭楚不久，像这种朝三暮四的家伙，又不能无故杀他，真让人气愤。"张良一听，立即说："好！立即封雍齿为侯，才能改变眼下人心浮动的局面。"刘邦想了想，张良的话是极有道理的，虽心中不愿，但为了稳定局面，还是采纳了张良的提议。当刘邦下旨封雍齿为侯后，立刻在众将领中产生了轰动，一个个喜出望外："雍齿都能封侯，我们还有什么好顾虑的？"

　　这一事件显示了张良的高明。因为这一做法抓住了关键，打消了所有人心中的疑虑。在生活中，我们处理问题也是如此。无论做什么事情，都要紧紧地牵住"牛鼻子"，认清事物的规律，把握问题的关键再行动，这样才能达到事半功倍的效果！

3. 守好心灵的关口

　　"口者，心之门户也；心者，神之主也。"意思是说，人的嘴巴，是表达内心思想的门户；心灵，是人的精神世界的主宰。这告诉我们，有智慧的人，懂得把握自己的言辞，能够守好心灵的关口。守好心灵的底线，就是要拥有一双慧眼，善于观察事物、窥探人性、明辨是非，并且懂得什么时候该说、什么时候不该说，或者哪些话该说、哪些话不该说。由此在一些特殊、复杂的情形下，抓住有利时机，合理处理不同的矛盾。

　　《论语》中有这样一个故事：子路和冉有问了孔子同一个问题，"听到一件事，是否可以立即去做？"而孔子给两人的答案截然不同。对于子路，孔子回答："有父亲和兄长在，

【原文】

　　捭之者，料其情也；阖之者，结其诚也。皆见其权衡轻重，乃为之度数，圣人因而为之虑。其不中权衡度数，圣人因而自为之虑。

【译文】

　　运用开启之术，是为了侦察他的真情；让对方封闭，是为了坚定他的诚心。所有这些都是为了使对方的实力和计谋全部暴露出来，以便探测出对方的实力。圣人会因此用心思索。假如不能探测出对方的实力，圣人会为此而自谓封闭。

为何不先问问他们再去做呢？"而对于冉有，他的回答是："可以立即去做。"孔子之所以这样回答，是因为冉有做事总是优柔寡断，所以要鼓励他立即去做；而子路胆子大，有时很鲁莽，所以要让他多问问不同人的意见。

在孔子"因材施教"的教育理论下，他的那些杰出的弟子受到老师的影响，非常懂得审时度势、为我所用之道。孔子的得意门生子贡困齐救鲁的故事，便是其中一个非常有说服力的例子。

春秋末期，齐相田常说服齐简公兴兵伐鲁。当时齐强鲁弱，鲁国形势十分危急。孔子派子贡前往齐国斡旋。子贡见到田常，洞悉田常蓄谋篡位、欲借战争铲除异己的心理，于是以"忧在外者攻其弱，忧在内者攻其强"的道理，劝他不要让齐国攻打弱小的鲁国，应转而攻打强大的吴国，借此才能达到隐秘的目的。田常虽然认为有理，但因齐国已做好攻鲁的部署，找不到借口转而攻吴。子贡说自己可前往吴国，说服吴王夫差救鲁伐齐，到时齐吴交战就顺理成章了。田常高兴地同意了。子贡赶到吴国，见到野心勃勃的夫差，就说："若齐国攻下鲁国，势力大增，必将伐吴。大王不如先下手为强，联鲁攻齐，吴国必能成就霸业！"夫差心动，但又担心越国乘机进犯，一时间犹豫不决。子贡又马不停蹄前往越国，说服越王随吴伐齐，解除了夫差的后顾之忧。子贡游说三国，已经达到了预期目的，但他又想到吴国战胜齐国之后，定会要挟鲁国，鲁国到时必须有所依靠。于是他又悄悄来到晋国，向晋定公陈述利害关系，劝他加紧备战，以防吴国进犯。后来，吴王夫差果然率十万精兵攻打齐国，越、鲁两国也派兵助战。齐国大败，只得请罪求和。夫差大获全胜之后，立即移师攻晋，

【原文】

即欲捭之，贵周；即欲阖之，贵密。周密之贵微，而与道相追。

【译文】

如果要捭开对方的门户，最重要的是考虑周详；如果要关闭自己的门户，最重要的是处事缜密。要达到周密，最重要的是做得微妙，合乎事物发展的规律。

却被早有防范的晋国击退。

子贡充分利用齐、吴、越、晋四国的矛盾，抓住主要人物的不同心理，区别对待，巧妙周旋，既击败了齐国，又灭了吴国的威风，把鲁国从危难中解救出来，显示了高超的纵横之术。

正如鬼谷子所说，世上之人有贤、不肖、智、愚、勇、怯等区别。而人们往往愿意展示自己的贤、智、勇，没有人愿意暴露自己的不肖、愚、怯。因此，我们需要练就一双辨人识人的慧眼，去读懂人心。在倡导"以人为本"的现代社会里，可以说这是成就大事业的必备条件。

4. 周详缜密，攻守兼备

《鬼谷子》强调应用捭阖之术要确保周详缜密，攻守兼备。若捭阖得不好，反而会让自己门户大开，一败涂地。其术最关键之处，在于应"闭"时确保能自守门户，韬光养晦，渡过难关，从而占据先机，一役而胜。在历史进程中，凡能建功立业者，无不深谙此道。

明成祖朱棣就曾以周密的捭阖之策反败为胜，纵横天下。

明太祖朱元璋死后，皇太孙朱允炆即位，称为建文帝。建文帝鉴于藩王势力太大，威胁君权，因此决意削藩，燕王朱棣自然成为他的眼中钉。朱棣是明太祖的第四个儿子，一向带兵驻守在北平一带，战功赫赫，在朝廷上下很有威望。为了麻痹建文帝，朱棣就装疯。建文帝派使臣去探病，正值大热天，燕王却坐在火炉边烤火，嘴里还不停地叫冷。建文

【原文】

捭之者，开也，言也，阳也。阖之者，闭也，默也，阴也。阴阳其和，终始其义。

【译文】

所谓"捭"，就是开放、发言、公开；所谓"阖"，就是封闭、缄默、隐匿。阴阳两方相协调，开放与封闭有节度，才能善始善终。

【原文】

捭阖之道，以阴阳试之。故与阳言者，依崇高。与阴言者，依卑小。以下求小，以高求大。由此言之，无所不出，无所不入，无所不可。可以说人，可以说家，可以说国，可以说天下。

【译文】

开放和封闭的规律都要从阴阳两方面来试验。因此，给从阳的方面来游说的人以崇高的待遇，而给从阴的方面来游说的人以卑下的待遇。用卑下的来求索微小，以崇高的来求索博大。由此看来，没有什么不能出去，没有什么不能进来，没有什么办不成的。用这个道理，可以说服人，可以说服家，可以说服国，可以说服天下。

帝也就相信燕王真的疯了，但是他的心腹大臣齐泰和黄子澄怀疑朱棣装疯，他们想秘密逮捕朱棣。朱棣得到这个消息后，立刻以清除奸臣黄子澄、齐泰的名义，举兵南下。这场内战打了三年多，最后燕军攻占了都城应天府。建文帝下令放火烧宫，最后葬身火海（也有传言说建文帝没有自焚，而是出逃了。后来，朱棣派郑和七下西洋，其中一个目的就是寻找建文帝的下落）。最终朱棣如愿以偿地登上了皇位。

可见，捭阖之术用于政治斗争，能使强弱形势相互转化。弱者通过自守门户，能使强者不自觉地打开门户，放松警惕，从而达到以弱胜强的目的。

在现代商业领域，一个成熟而有谋略的企业家，当他与同行竞争时，往往采取有效的措施加以应对，在加强自身实力的同时又能削弱对方。这也是捭阖之术可以发挥作用的地方。

某市有一家大型眼镜批零店，曾一度处于垄断地位。但很快，在其周围冒出众多个体眼镜店，对批零店的生意造成很大影响。面对"围攻"，批零店冷静地分析了市场形势，认为个体户的优势是本小灵活、进退自如，但他们一般缺乏过硬的技术，配镜质量无保证，也无力造成经营上的声势。针对这些情况，该店制订和实施了"扬长避短、强化服务"的战略。他们缩减了低档眼镜的销量，增加了中、高档眼镜的花色、品种，以避开个体户定价灵活的优势。他们还在报纸、电视上展开宣传攻势：一是宣传配镜的基本知识，使顾客了解到配镜不适给眼睛造成的伤害；二是宣传本企业的信誉及提供的优质服务。此外，他们还聘请了三位眼科专家全天候门诊，为顾客提供免费的配镜咨询，保证顾客配上适宜的眼镜。这一系列措施采取得细致、周密，一环紧扣一环，让其他个体眼镜店根本无力招架，只好另谋出路。因此，该眼镜批零店不但扩大了知名度，而且提高了销量，在这场突围之战中大获全胜。

可见，古往今来的胜者，不仅要有开创大局的雄伟气魄，也要有处理细节的缜密心思。自诩"力拔山兮气盖世"的楚霸王，注定成为名垂后世的英雄，却不能成为最后的胜者，因为他不懂得"欲捭之贵周，欲阖之贵密"的道理。真正成就大事业的人，既要胆大，也要心细，两者互补，缺一不可。

【原文】

以阳动者，德相生也。以阴静者，形相成也。以阳求阴，苞以德也；以阴结阳，施以力也。阴阳相求，由捭阖也。此天地阴阳之道，而说人之法也。为万事之先，是谓"圆方之门户"。

【译文】

凡是凭阳气行动的人，道德就与之相生；凡是凭阴气而静止的人，形象就与之相成。用阳气来追求阴气，要靠道德来包容；用阴气来结纳阳气，要用外力来约束。阴阳之气相追求，是依据开启和关闭的原则，这是天地阴阳之道理，又是说服人的方法，是各种事物的先导，是天地的门户。

反应第二
明察秋毫，以静制动

【原文】

古之大化者，乃与无形俱生。反以观往，复以验来；反以知古，复以知今；反以知彼，复以知此。

【译文】

在古代能以"大道"来化育万物的圣人，其所作所为都能与自然的发展变化相吻合。反顾以追溯既往，再回首以察验未来；反顾以考察历史，再回首以了解当今；反顾以洞察对方，再回首以认识自我。

本篇阐释了一种全方位的思考方法。《鬼谷子》认为，在论辩或游说时，要"重之、袭之、反之、复之"，这样才能明察秋毫，更准确地把握对方的真实意图，从而说服对方，使之听从自己。这种方法能使人更接近事物本身，更有效地把握整体局势，从而以逸待劳，以静制动。此法的关键在于掌握"反"的诀窍。反观历史，才能更好地了解今天；反观自己，才能更好地了解他人，知己知彼才能立于不败之地。运用"反"的方法，前提是自己要"静"，要冷静地观察和分析对方。在此基础上，再运用所谓的"钓言之道"，让对方说出真话，从而在论辩中立于不败之地。

1. 听话听音，说话有据

《鬼谷子》告诉人们，要耐心倾听别人说话，如果别人话里有话，要搞清楚隐含的意思，同时要抓住机会提问，从对方的回答中了解真实情况。

一次，齐国靖郭君田婴准备在薛地筑城，谋士们都来劝阻。田婴对通报的下人说：“那些人来了不要通报。”有个人前来拜见，说：“在下只说三个字。多一个字，甘愿受烹煮之刑。”田婴很好奇，于是接见了他。那人进来说：“海大鱼！”说完掉头就走。田婴说：“你先留下把话说完！”那人说：“我可不敢拿性命当儿戏！”田婴说：“不碍事，先生请讲！”客人这才回答道：“你没听说过海里的大鱼吗？渔网钓钩对它无能为力，一旦它因为得意忘形离开了水域，那么蝼蚁也能随意摆布它。以此相比，齐国也就像殿下的‘水’，如果你永远拥有齐国，要了薛地有什么用呢？而如果你失去了齐国，即使将薛地的城墙筑得跟天一样高，又有什么用呢？”田婴称赞说：“对。”于是停止筑城。

齐人用惊人之语制造悬念，勾起田婴的好奇心，诱使他继续听下去，然后用“海大鱼”这样一个形象的比喻，表达了“龙游浅滩遭虾戏”的意思，使田婴立刻认识到自己思虑不周的错误。

还有一个例子。战国时，魏文侯吞并了中山国，把它分封给自己的儿子。一天，魏文侯问群臣：“我是个怎样的君主？”众臣答道：“仁君。”唯独大臣任座表示异议，说：“你得了中山国后，不封给你的弟弟，而封给你的儿子，这哪里是仁君所为呢？”魏文侯听罢大怒，任座见状离座而去。魏文侯又问翟璜。翟璜答：“你是仁君。”魏文侯问：“你为什么这样认为？”翟璜说：“我听说先有仁君，而后才有耿直的大臣。任座是耿直的大臣，所以我认为你是仁君。”文侯听了既高兴又惭愧，赶快让人把任座请了回来，并将他奉为上宾。

现实生活中，有些人说话喜欢直截了当，而有些人说话就很委婉。虽然这些无关对错，但当直截了当不太方便或抹

【原文】

为小无内，为大无外；益损、去就、倍反，皆以阴阳御其事。

【译文】

要做小事的时候没有“内”的界限；要做大事的时候没有“外”的疆界。所有的损害和补益，离去和接近，背叛和归附等行为，都是运用阴阳的变化来实行的。

不开面子的时候，就需要使用一些隐语，这样反而能达到很好的效果。不过，使用这种方式，一定要确保对方能够听明白，否则就是白费心思。

北宋文学家范仲淹任杭州知府时，提拔了许多过去的手下，只要有才能的都得到了重用。只有一个叫苏麟的，当时正好被派到外县巡察去了，所以没有得到什么重用。等他回来以后，看到自己的一些朋友都升官了，他又不好意思直接向范仲淹求官，于是就写了一首诗，托人送给范仲淹。诗中写道："近水楼台先得月，向阳花木易为春。"范仲淹一看，心中会意，又觉得苏麟确实是个人才，于是马上为苏麟写了一封推荐信。没多久，苏麟就升官了。

【原文】

道合其事，彼自出之，此钓人之网也。常持其网驱之，其言无比，乃为之变，以象动之，以报其心，见其情，随而牧之。

【译文】

张网的这个方法用于人事上，只要方案合宜，对方自然会被你网住，这就是钓人的"网"。经常拿着这张"网"与人周旋，可使对方与你推心置腹。如果你用的比喻对方不明白，就要改变方法，用形象来打动对方，以体会其真情实感，从而加以控制。

2. 蜘蛛捕虫，张网以待

要用巧妙无形的方法引诱对方说话，若"钓语"合乎人情事理，就不难从其话语中窥测内心的实情。以张网捕兽为例：若多张开一些网，并加以密切关注，就能多捕获一些野兽。这个方法用于人事上，要方案合宜，对方自然会被你网住，这就是钓人的"网"。经常拿着这张"网"与人周旋，可使对方与你推心置腹。如果你用的比喻对方不明白，就要改变方法，用形象来打动对方，以体会其真情实感，从而加以控制。

这是《鬼谷子》对如何在说话中"钓"到自己需要的东西的一段精彩论述。

第二次世界大战期间，法国反间谍机关收审了一位自称来自比利时北部农村的流浪汉，法国反间谍军官吉姆斯认定他是德国间谍，可缺少有力的证据。审讯开始了，吉姆斯用法语提问："会数数吗？"这个问题很简单，流浪汉用法语流利地数数，没有露出一丝破绽，甚至在说德语的人员容易说漏嘴的地方，他也说得极其流利。于是他被押回小屋去了。过了一会儿，有人在屋外燃起火来，哨兵用德语大声喊："着火啦！"流浪汉无动于衷，照样睡他的觉。后来，吉姆斯又找来一位农民，和流浪汉谈论种庄稼的事，他谈得居然也不外行。看来吉姆斯凭外观判断的第一印象是不准确的。第二天，流浪汉被押进审讯室的时候，吉姆斯正在审阅一份文件，他在上面签完字，突然抬起头说："好啦，你可以走了，你自由了。"流浪汉长长地松了一口气，愉快地呼吸着自由的空气。然而，他刚要转身，忽然发现吉姆斯的脸上露出了胜利者的微笑，顿时恍然大悟。原来，吉姆斯在说这句话时用的是德语，而流浪汉的反应表示他听懂了。这个德国间谍的真实身份也因此暴露了。

吉姆斯之前使用的一系列方法，表面上看都是失败的，其实不然。这些就好比张开的一张大网，为最后的收网做好了准备。德国间谍百密一疏，最终露出了狐狸尾巴。

需要说明的是，《鬼谷子》用"钓人之网"这样的字眼，难免会引起后人的猜疑，以为这位"智圣"在鼓励行奸使诈的行为。其实这是一种误解。所谓的"钓人之网"，我们可以把它理解为一种交际之法而借鉴之。

3. 声情并茂，引起共鸣

【原文】

同声相呼，实理同归。或因此，或因彼，或以事上，或以牧下。此听真伪，知同异，得其情诈也。

【译文】

同类的声音可以彼此响应，合乎实际的道理会有共同的结果。或者由于这个原因，或者由于那个原因；或者用来侍奉君主，或者用来管理下属。这就要分辨真伪，了解异同，以分辨对手的真实情报或诡诈之术。

《鬼谷子》阐述了迅速俘获人心的基本原则，即说话要声情并茂，善于借助象形、比喻的修辞方法，引起对方内心的共鸣。这样，才更容易了解对方的真心，以决定下一步的行动。

以言辞引起对方内心的共鸣，这是游说的一种极高的境界。而只有达到这种境界的人，才有可能完成看似完不成的任务，达到不战而屈人之兵的游说效果。

东汉顺帝时，外戚专权，百姓生活艰难。广陵人张婴不堪忍受暴政，聚众起义，纵横扬州、徐州一带几十年，劫富济贫，朝廷屡剿无功，深感头疼。当时，朝中有一名叫张纲的御史，此人廉洁刚正，得罪了不少权贵。于是，掌权的外戚梁冀便上奏顺帝，任张纲为广陵太守，让他平息暴动，企图借刀杀人。张纲到了广陵，单车独行直入张婴大营。张婴十分惊讶，便出来相见。张婴冷冷地问道：

"太守大人屈尊来到贼营，不知有何见教？"张纲站起身来，施礼说："将军何出此言？下官办事不周，不恤民情，以致陷民于水火之中。俗话说，'官逼民反'，将军清廉自律，行侠仗义之举，实令下官敬佩不已。"张纲这番话出乎张婴的意料，他急忙站起来赔礼，激动地说："太守早来十年，我张婴何至于此？我是个草莽之人，不知礼仪，更无法结交朝廷，我也知道自己是釜底游鱼，苟延残喘而已，哪里活得长久？今天大人到此，就给我指点迷津吧！"就这样，张纲用安抚的办法，不动一兵一卒，经过与张婴反复协商，妥善处置，终于平息了广陵的暴乱。

张纲说服张婴，不是靠威压，也不是靠利诱，而是采取攻心之法。他首先承认自己的失职，将责任揽到自己身上，然后称赞张婴为民赴险，成功地打动了张婴，也攻破了张婴的心理防线。这正符合古人所说的"攻心为上"的原则，因而不费一兵一卒就平息了暴乱。

"共鸣法"同样适用于规谏失足之人。人的心中都有善念，只是有些人的善念已经沉睡，需要用别人的善行去唤醒。对于那些看似冥顽不化的人，我们也要以诚相待，尽力去感化他们，来启发他们的良知。《孙子兵法》中说："不战而屈人之兵，善之善者也。"能让失足之人主动弃恶从善，那是最好的。

大文豪雨果的《悲惨世界》中，主人公冉·阿让半夜偷走了米礼爱主教家的一只银烛台，不料半途被警察抓到。在对质时，主教却说是自己赠送给他的。当冉·阿让跪着求主教原谅他的恶行的时候，主教却只要他宣誓自此重新做人，并将另一只银烛台也送给他，这样的情形让冉·阿让感受到

【原文】

动作言默，与此出入；喜怒由此以见其式；皆以先定为之法则。以反求复，观其所托，故用此者。

【译文】

活动、停止、言说、沉默，都要通过这些表现出来，喜怒哀乐也都要借助这些模式，都要事先确定法则。用逆反心理来追索其过去的精神寄托，所以就用这种反听的方法。

爱的力量，从此弃恶从善，经过努力，当上了工厂厂长和市长。他捐助慈善事业，甚至为救人于危难而舍弃了名利。纵观他的改变，主教的功劳不可磨灭。冉·阿让因主教的爱和宽容，完全改变了，从一个危害社会的罪犯，转变成了造福社会的君子。

心与心的共鸣，可以让我们的生活多一些宽容和谅解，少一些纠纷和矛盾。对于不讲理的小人，揭露、斥责都是必要的，但这毕竟是外力所致，要想真正挽救这些人，最好的办法是让他们的内心受到震动，得到感化，使他们充分认识到自己的错误。这样，他们就会抛弃侥幸之心，从而改邪归正。

从前，有两个相邻的村子，村民都靠种植西瓜为生。甲村的村民很勤劳，他们经常挑水浇瓜，所以西瓜长得又快又好。乙村的村民很懒惰，很少给西瓜浇水，所以他们的瓜长得不好。甲村的瓜长得好，乙村的村民很嫉妒。于是，每天晚上，乙村的村民就轮流跑到甲村的瓜田里，扯掉一些西瓜藤。甲村村民发现后很气愤，他们也打算晚上去破坏乙村的瓜田。一位老瓜农劝阻说："你们要是这么做，只会让两村结怨越来越深，我看不如帮帮他们，每天晚上，咱们就去帮他们浇水。"甲村的村民依照老瓜农的话去做了，乙村的瓜一天天好了起来。乙村村民得知真相后大受感动，他们赶紧去向甲村村民道歉。从此，两村村民变得亲如一家。

心灵感化的力量，比严酷的刑罚更为强大。如果多一个人懂得这个道理并付诸行动，人世间的纷争就会少一点，世界就会变得更美好。

【原文】

为小无内，为大无外；益损、去就、倍反，皆以阴阳御其事。

【译文】

要做小事的时候没有"内"的界限；要做大事的时候没有"外"的疆界。所有的损害和补益，离去和接近，背叛和归附等行为，都是运用阴阳的变化来实行的。

4. 方圆并用，随机应变

《鬼谷子》提出，在情况还未明朗以前以圆略来诱惑对手，在情况明朗以后就要用方略来战胜对方。无论是向前还是向后，无论是向左还是向右，都可用这个方法来对待。

北宋真宗年间，地方上将晏殊和蔡伯俙两名神童举荐给朝廷。真宗很高兴，让他俩陪皇太子读书。皇太子年纪很小，十分贪玩。晏殊总是规劝他，惹得太子生厌，而蔡伯俙则处处讨太子的欢心。有一次，真宗皇帝要检查太子的学业，太子要晏殊代做一篇，晏殊不肯。太子又叫蔡伯俙写，蔡伯俙马上代写了一篇。真宗皇帝发觉有假，追问下来，晏殊如实禀告了。

【原文】

若探人而居其内，量其能，射其意；符应不失，如蛇之所指，若羿之引矢；故知之始己，自知而后知人也。

【译文】

就像刺探敌情而深居敌境一般，要首先估计敌人的能力，其次再摸清敌人的意图，像验合符契一样可靠，像腾蛇一样迅速，像后羿张弓射箭一样准确。所以要想掌握情况，要先从自己开始，了解自己，然后才能了解别人。

这下太子被气坏了，他恶狠狠地对晏殊说："我将来当了皇帝，要砍你的头！"晏殊毫无惧色地回答："就是砍我的头，我也绝不弄虚作假。"后来，太子即位当了皇帝，晏殊被任命为宰相，而蔡伯俙反而被疏远了。

晏殊以方略对待太子，绝不弄虚作假，结果后来被委以重任。而蔡伯俙一味采取圆略，阿谀奉承，反而遭到疏远。不过，晏殊也有"圆"的一面。在晏殊当上宰相之前，有一次，皇帝称赞晏殊说："别人都纵情声色，只有晏殊生活勤勉俭朴。"晏殊赶紧在私下里告诉皇帝："我也想像他们那么做，只是官职低，没有钱，而且事务太忙。"后来，当晏殊位尊势隆后，他果真也像别人一样享乐。晏殊的这一做法，与老子倡导的"和其光、同其尘"的思想十分吻合。我们知道，宋朝文化繁盛，是一个崇尚享乐的朝代，整个社会风气都是如此。倘若晏殊一味采取"方略"，自命清高，难免拒人于千里之外，不利于诸多事务的开展。

"能容物者，物乃能容"，这是晏殊对初入仕途的王安石的告诫。这可以说是人生至理。不要责难别人轻微的过错，不要随便揭发他人个人生活中的隐私。不管你的品德多么高尚、你的观点多么正确，只要你对别人苛刻，他人就会把你当成他的敌人。不念人旧恶是要有些胸襟的，只有修养高的人才能做到。其实人际间的矛盾往往因时因事而转移，总把思路放到过去的恩怨上属于不智之举。

王安石后来的仕途经历也证明了这一点。王安石生性聪明、学识渊博，在宋神宗时期开始推行新法，史称"熙宁变法"。在新法实施的过程中，遭到以司马光为首的守旧派的强烈反对。苏轼最初是支持王安石变法的，但是当新法进一步

【原文】

其相知也，若比目之鱼；其见形也，若光之与影；其察言也，不失若磁石之取铁，若舌之取燔骨。

【译文】

对别人的了解，就像比目鱼一样没有距离；明了对方的情形，就像光和影子一样不走样；侦察对方的言辞，就像用磁石来吸取钢针，用舌头来获取焦骨上的肉一样万无一失。

推行的时候，苏轼逐渐发现新法存在一些问题，转而开始反对新法，革新派中的激进分子因而记恨苏轼，摘取了苏轼给宋神宗的《湖州谢上表》中的两句话，上奏弹劾苏轼有"不臣之心"，苏轼被下狱问罪。王安石却上书宋神宗，请求释放苏轼，这大大出乎革新派的意料。

【原文】

其与人也微，其见情也疾。如阴与阳，如阳与阴。如圆与方，如方如圆。未见形圆以道之；既见形方以事之。

【译文】

自己暴露给对方的微乎其微，而侦察对手的行动十分迅速。就像阴变阳、阳转阴，圆变方、方转圆一样自如。在情况还未明朗以前以圆略来诱惑对手，在情况明朗以后就要用方略来战胜对方。

王安石虽与苏轼政见不合，但他为人正直，而且很欣赏苏轼的文采，所以才上书为苏轼说情，他的那句"安有圣世而杀才士乎"更是打动了宋神宗。最后苏轼得以获释，没有因这场文字狱而丧命。王安石不因苏轼站在新法的对立面而趁机落井下石，反而伸出援手，足见他的心胸之宽广，是名副其实的"宰相肚里能撑船"。后来苏轼去汝州赴任的路上，还到金陵拜访了因变法失败而赋闲在家的王安石，两人尽管在变法一事上针锋相对，再见之时，却能摒弃前嫌，握手言和，这就是"能容物者，物乃能容"的处世之道。

与人相处一定要有分寸，既不可对人苛刻，也不可过于亲近。我们常常说对人要真诚友好，但这并不是说没有选择地和任何人做朋友。在向别人掏心窝之前，一定要对他有所了解。一个人不设防地对待他人，而且成了习惯，那么如果他自己感觉累了，或觉得彼此志不同道不合了，这时再抽身，对彼此都没好处。生活中，由这个原因而引起的矛盾并不在少数。

学习圆方之略，需要解决的一个重要问题是如何对待别人的错误。倘若别人无意中犯了错误，违背了你的心愿，打乱了你的计划，你的第一反应可能是气愤，接下来可能会大发雷霆。很多人都会如此。然而这样做根本于事无补，其结果往往加剧了对方的恐惧，使事情越来越糟。其实，如果能够忍住一时的怒火，反过来宽容别人，结局就会不同。

美国空军著名的战斗机飞行员胡佛在一次驾机行动中，飞机险些失事，检查发现原来是负责加油的机械师加错了油。查明原因后，那个机械师吓得面如土色，然而胡佛不但没有追究这件事，还让他专门做自己所负责的飞机的维修工作。后来，这个机械师一直跟着胡佛，而且干得十分出色。由此看来，如果做人包容一点，原谅别人的过失，给予他人理解和尊重，这样于人于己都有好处。

【原文】

进退左右，以是司之。己不先定，牧人不正。是用不巧，是谓忘情失道。己审先定以牧人，策而无形容，莫见其门，是谓天神。

【译文】

无论是向前还是向后，无论是向左还是向右，都可用这个方法来对待。如果自己不事先确定策略，统率别人也无法步调一致。做事没有技巧，叫作"忘情失道"。自己首先确定斗争策略，再以此来统领众人，策略要不暴露意图，让旁人看不到其门道所在，这才可以称为"天神"。

内楗第三
清静自守，心地明朗而不惑

内楗，是《鬼谷子》进献说辞和固守谋略的重要方法。本篇主要论述了在内楗的前提下，人与人之间尤其是上下级之间维持正常关系的目标与原则。"内楗"的核心是一个"情"字。以"情"为中心，"以"德为辅，以"谋"为变通之法，这是《鬼谷子》的主导思想。在现代人际关系中，善于借鉴内楗之法，必将有助于我们创造出一种宁静和谐的工作氛围。

1. 把握向上司进言的说话技巧

《鬼谷子》中说："君臣上下之事，有远而亲，近而疏；就之不用，去之反求；日进前而不御，遥闻声而相思。事皆有内楗，素结本始。"其大意是，君臣上下之间的事情，有的距离很远却很亲密，有的距离很近却很疏远；有的在身边却不被使用，有的在离去以后还受聘请；有的天天都能到君主眼前却不被信任，有的距离君主十分遥远，君主却只是听到名声就思慕不已。这种微妙关系的出现，都是因为内楗的缘故。

【原文】

君臣上下之事，有远而亲，近而疏；就之不用，去之反求；日进前而不御，遥闻声而相思。

【译文】

君臣上下之间的事情，有的距离很远却很亲密，有的距离很近却很疏远；有的在身边却不被使用，有的在离去以后还受聘请；有的天天都能到君主眼前却不被信任，有的距离君主十分遥远，君主却只是听到名声就思慕不已。

在《鬼谷子》看来，向居上位者进忠言之前，要先摸清他的想法，然后顺着他的心思去说，这样就能在避免犯上的同时还能使他愉快地接受你的观点。

【原文】

事皆有内楗，素结本始。或结以道德，或结以党友，或结以财货，货结以采色。

【译文】

凡是事物都有采纳和建议两方面，平常的东西都与本源相联结，或者靠道法相联结，或者靠朋党相联结，或者靠财物相联结，或者靠艺术相联结。

春秋时，晋灵公贪图享乐，让人给他造一座九层的琼台。这一工程耗资巨大，劳民伤财，朝野上下一片反对之声，但晋灵公一概不听，还下令说："谁敢再进谏，格杀勿论！"晋国有个能臣叫荀息，他知道此事后，便来求见晋灵公。晋灵公竟命令武士在暗处弯弓搭箭，只要荀息一开口劝谏，便立刻把他射死。谁知荀息见到晋灵公后，并没有提到琼台的事，而是要求给晋灵公表演杂技以博一笑。

晋灵公高兴地答应了。荀息先把十二颗棋子垒起来，再把鸡蛋一个个放上去。晋灵公看得提心吊胆，不禁在一旁大叫道："危险！"荀息慢条斯理地说："这算什么，还有比这更危险的呢！"晋灵公忙问："还有什么比这更危险？"荀息说："大王，你要造九层高台，造了三年尚未完工，弄得民不聊生，男人们都被征调到工地去了，留下女人种庄稼，如果以后没有收成，国库就会空虚。一旦外敌入侵，国家危在旦夕，这难道不是更危险吗？"晋灵公听后，觉得确实很危险，弄不好会亡国，便立刻下令停止建造琼台。

荀息用巧妙的方式，先以杂耍吸引灵公的注意力，再通过垒鸡蛋的演示向灵公形象地说明国家面临的局面，使灵公停止了琼台的兴建。在向别人提意见时，即使出自好意，也要讲求方式方法。巧妙委婉的暗示和生动形象的比喻，往往比直截了当的批评更容易为人所接受。

战国时，齐威王整天在宫中饮酒作乐，不理朝政。淳于髡知道齐威王爱听隐语，就进宫对他说："有只大鸟栖息在王宫里已经三年了，可是它从来没有飞过一次，也没有叫过一声。大王你猜猜看，这是一种什么鸟？"齐威王笑了笑说："这可不是一只平凡的鸟呀！它不飞也就罢了，一旦飞起来，就会直冲云天；它不叫也就算了，一旦大叫一声，天下的人都会大吃一惊。先生先回去吧！我明白了。"从此，齐威王就像换了个人似的，开始勤勉治理国家。在齐威王执政的三十七年中，齐国始终是一个强国。

淳于髡没有直接批评齐威王不理朝政的行为，而是借大鸟的不飞不鸣为喻，在委婉批评的同时，也是一种间接的勉励。其用意是让齐威王一下子振作起来，果然"一鸣惊人"。

在我国古代，敢于直言犯上的直臣、谏臣不少，但大多没有好结果，而唐朝名臣魏征则是一个例外。有一次，唐太宗被魏征毫不留情地批评之后，怒气冲冲地回到内宫，对长孙皇后说："我非杀了魏征那乡巴佬不可。"皇后劝他说："有魏征这样的大臣是值得庆贺的。没有你这样的明君，怎能有如此耿直的大臣呢？"唐太宗转念一想：是呀，没有魏征，

【原文】

用其意，欲入则入，欲出则出；欲亲则亲，欲疏则疏；欲就则就；欲去则去；欲求则求，欲思则思。若蚨母之从子也；出无间，入无朕。独往独来，莫之能止。

【译文】

要想推行自己的主张，就要做到想进来就进来，想出去就出去；想亲近就亲近，想疏远就疏远；想接近就接近，想离去就离去；想被聘用就被聘用，想被思念就被思念。就好像母蜘蛛率领小蜘蛛一样，出来时不留痕迹，进去时不留标记，独自前往，独自返回，谁也没法阻止它。

自己就无法知道自己的错误，那自己不就是昏君了吗？于是对魏征加以重赏。

像魏征这样敢于犯颜直谏的忠臣固然令人钦佩，但话说回来，魏征若不幸生在其他朝代，以他天不怕地不怕的脾气，恐怕也难以善终。所以，在向上司进言时，还是要注意说话技巧。

2. 揣测心意，有效说服

《鬼谷子》中说："欲说者务稳度，计事者务循顺。"也就是说，要想说服他人，务必暗中揣测对方的心意，顺势而为，顺其自然。

齐宣王一心想称霸，有次，他向孟轲请教一个问题："怎样才能统一天下，像我这样的人能不能统一天下？"所有的国君都爱听颂扬的话，孟轲就说："能。"他略微沉思了一下，接着说："我听说，有一次新钟铸成，准备杀头牛祭钟，你因为看见即将被杀的牛在发抖，感到不忍，不让杀那头牛，是有这么回事吧？"

齐宣王想不到自己曾经的善举连孟老夫子也知道，十分高兴，赶紧回答说："是啊，有。"孟子说："大王，凭你这种恻隐之心，就可以行王道，统一天下。"齐宣王越发高兴起来，急于听下面的话，孟子接着说："问题是你肯不肯干罢了。比如有人说'我的气力能举起千斤的东西，却举不起一根羽毛，我的眼睛能看得清鸟兽毛的尖端，却看不见满车的木柴'，你相信这话是真的吗？"齐宣王答道："我当然不相信这种话。"

【原文】

内者，进说辞也。楗者，楗所谋也。欲说者务稳度，计事者务循顺。阴虑可否，明言得失，以御其志。方来应时，以合其谋。详思来楗，往应时当也。

【译文】

所谓"内"，就是采纳意见；所谓"楗"，就是进献计策。想要说服他人，务必先悄悄地揣测；度量、策划事情，务必循沿顺畅的途径。要暗自忖度是否可行，然后为其详尽分析得失，以驾驭君主之意。在进谏时要随机应变，合乎君主的想法。若君主询问，必须做出适当的回答。

孟子继续说，"现在大王的恩惠足以推到禽兽身上，而这样的功德却推行不到百姓身上，这就和不肯举一根羽毛和看不见一车木柴一样，同样叫人不能相信。如今老百姓之所以不能安居乐业，这是因为你根本不去关心的缘故，而不是能不能做到的问题。所以我说，你能行王道，能统一天下，问题是你不愿意去做，而不是做不到。"齐宣王说："不愿意做和做不到有什么区别呢？"孟子说："要一个人把泰山夹在胳膊下跳过北海，这人告诉你说：'我做不到。'这是真的做不到。要一个人为老年人折一根树枝，这个人说：'我做不到。'这是不愿意做，而不是做不到。大王你没有用道德来统一天下，不是属于把泰山夹在胳膊下跳过北海的一类，而是属于为老年人折树枝的一类。'老吾老以及人之老，幼吾幼以及人之幼'，做到了这一点，整个天下便会像在自己的手掌心里运转一样容易治理了。古代的圣贤之所以远远超过一般人，不过是善于推广他们的好行为罢了。如今大王你的恩惠能够施及动物，却不能够施及老百姓，这是为什么呢？"

孟子对齐宣王的回答，宣扬保民而王，施行王道，他列举生动形象的比喻，运用一些论辩技巧，在不伤齐宣王颜面的前提下使齐宣王深刻领悟其中的道理，并使他心服口服。

孟子知彼知己，善于揣摩听者之心，懂得取悦对方，以使谈话继续。然后，又从不同角度提出问题，正反夹杂，明知故问，变化多端；一接一问，使谈话内容层层深入，说服力极强。

【原文】

夫内有不合者，不可施行也。乃揣切时宜，从便所为，以求其变。以变求内者，若管取楗。

【译文】

在交谈过程中，若发现原来的言辞有不合君意者，应立即停止执行原方案。此时，应揣摩君主之心，顺势而为，以待君主自己改变看法。内楗中的随机应变，如同用钥匙开锁，至为重要。

3. 注重团结与合作

【原文】

故曰：不见其类而为之者，见逆。不得其情而说之者，见非。得其情乃制其术，此用可出可入，可楗可开。故圣人立事，以此先知而楗万物。

【译文】

所以说，在情况还没有明朗之前就去游说的人，定会事与愿违；在还不掌握实情的时候就去游说的人，定要受到非议。只有了解情况，再依据实际情况确定方法，这样去推行自己的主张，就既可以出去，又可以进来；既可以进谏君主，坚持己见，又可以放弃自己的主张，随机应变。因此圣人成就事业，关键在于了解事物的真相，预先知道可与否，然后才能驾驭天下万物。

团结与合作是人与人之间和睦共处与双赢的重要法则，是一个企业高效运行的关键所在。《鬼谷子》中所强调的"得其情乃制其术"在团队合作中显得尤为重要。

在现代企业中，都强调团队合作，同事之间相互配合、互相帮助，这样不但能提高工作效率，而且能创造和谐的团队气氛，营造良好的工作氛围，增强团队的凝聚力。如果同事关系不和谐，彼此钩心斗角，这样不仅工作做不好，自己的心情也不舒畅，时间久了，工作就会成为一种负担，甚至厌恶工作。良好的同事关系对个人的发展非常重要。对每一位职场人士来说，与同事的关系是"和则双赢，斗则两败"。

同事之间建立良好融洽的人际关系，必须经常相互沟通。而要做到相互沟通，除了相互帮助、相互谅解之外，得体恰当的语言也是非常重要的。许多争吵甚至发生在平素关系非常好的同事之间，很大一

部分原因就是由于说话不讲艺术，使对方误解，以致造成同事间的隔阂。

　　某餐饮集团年终要评选先进工作部门，让每个部门上报一份先进工作申报材料。小赵是住宿部的员工，负责住宿部的文字材料工作，上报材料的事情自然落到了他的身上。小赵很快就写好了申报材料，经部门领导审核后上报集团。没多久，集团评选出先进部门，却没有住宿部，而被评选为先进部门的员工每人都得到了1000元的现金奖励。这下，住宿部的一位员工不乐意了，当众指责小赵："小赵，都是因为你的申报材料没写好，要不然我们也能评上，你害得大家白白损失了1000块钱。"

　　小赵觉得十分委屈，事后他了解到，评选先进部门的依据是每个部门的业绩完成量，而住宿部是因为全年业绩量没完成才落选的。事后，小赵找到那位员工，向他解释了这一评选标准，并承认自己的申报材料写得不够好，以后还请他多指点。那位员工也为之前的无端指责表示歉意，两人很快冰释前嫌，和好如初。

　　同事之间关系不和谐的时候，要学会善于从其他的角度来考虑问题，多一分宽容与理解。要知道，很多指责都是因为误会而引起的。所以遇到问题或矛盾时，要带着一颗真诚的心，与同事诚恳地沟通、解释与交流，如此一切误会自会消除。

　　另外，如果在表达自己的想法时能含蓄、幽默、简洁、生动，也会起到避免分歧、不伤和气的作用。

【原文】

　　欲合者用内，欲去者用外。外内者，必明道数。揣测来事，见疑决之。策无失计，立功建德，治名入产业，曰楗而内合。

【译文】

　　要想与人合作，就要把力量用在内部；要想离开现职，就要把力量用在外面。处理内外大事，必须明确理论和方法。要预测未来的事情，就要善于在各种疑难面前临机决断。在运用策略时要不失算，不断建立功业和积累德政，善于管理人民，使他们从事生产事业，这叫作"巩固内部团结"。

抵巇第四
注重细节，防微杜渐

物有自然，事有合离。有近而不可见，有远而可知。近而不可见者，不察其辞也；远而可知者，反往以验来也。

【译文】

万物都有规律存在，任何事情都有对立的两方面。有时彼此距离很近，却互相不了解；有时相互间距离很远，却彼此熟悉。距离近而互相不了解，是因为没有互相考察言辞；距离远却能彼此熟悉，是因为经常往来，互相体察。

本篇中所说的"巇"，本意为缝隙，可引申为隐藏的矛盾、细微的漏洞，或者各种不易察觉而又深受其困扰的问题。《鬼谷子》认为，"物有自然，事有合离"，在事物"合离"运动的过程中，不可避免有"巇"的存在。在"巇"的萌芽时期，能预测到它的发展，及时铲除恶的种子，这就是"抵巇"。古代圣贤大都深得抵巇之道，他们能准确抓住"抵巇"的时机实施谋略，以免乱世所带来的大灾难。当天下太平时，他们就隐居以待时。可见，抵巇之道的核心就是能够审时度势、防微杜渐，并且抓住有利时机，使矛盾迎刃而解。

1. 防微杜渐，防患未然

《鬼谷子》中说："事之危也，圣人知之，独保其用，因化说事，通达计谋，以识细微，经起秋毫之末，挥之于太山之本。"意思是当危机征兆出现时，圣人就敏锐地察觉到了，他们总是密切注意危机的征兆，利用事物变化的原理进行具体分析，策划计谋，进一步认识征兆的细微变化。利用秋毫之末，可动摇泰山之根基。

在这里，防微杜渐就是鬼谷子分析出的古代圣贤应对社会危机的办法，意思就是在危机刚刚露出苗头的时候，就要采取措施防止危机继续扩大。

有一只燕子，它在飞行途中学到了不少知识。播种的季节里，燕子对小鸟说："你们看，人类撒下的种子，用不了多久就会毁掉你们！你们得赶快把种子吃掉。"小鸟对燕子说："燕子，你在说傻话吧！大田里可吃的东西太多了，小小的种子值得一吃吗？"转眼间，大田里长出了绿油油的苗，燕子着急地对小鸟说："趁还没有结出可恶的果实，赶紧把这些苗统统拔掉，不然的话，你们就会遭殃。"小鸟不耐烦地说："你这个预言灾祸的丧门星，别整天唠叨！"庄稼就要成熟了，燕子说："可怕的日子就要来到。一旦人们收割完庄稼，秋闲下来的农民将拿你们开刀，到处都是捕鸟的夹子和罗网。你们最好待在家里别乱跑，要么跟着我飞到温暖的南方吧？"小鸟把燕子的忠告全当成耳边风，根本不理会。秋天到了，庄稼熟了。燕子飞到了南方，过着舒服的日子。而大田里的小鸟们不是被关进了鸟笼，就是被吃掉了。

"书蔬鱼猪，早扫考宝"曾被后人戏称为治家八宝饭，勤俭孝友也是齐家理论的核心。书蔬鱼猪是一家生产力的表现；勤俭孝友是一家精神力的表现，二者相辅相成。曾国藩熟读前人书籍，知道自古以来很多后代子孙骄奢淫逸的行为使很多钟鸣鼎食之家相继败落。因此他屡次训诫后辈说："家败，离不得个'奢'字。"他还要求主持家政的弟弟澄侯把金日磾、霍光这样的正反事例"解示后辈"，旨在告诫后辈戒奢戒骄。所以曾国藩在家训中，时时强调一个"俭"字。曾国藩治家有

【原文】

由夫道德仁义，礼乐忠信计谋。先取诗书，混说损益，议论去就。

【译文】

圣人立身处世，都以自己的先见之明来议论万事万物。其先见之明来源于道德、仁义、礼乐、忠信和计谋。首先摘《诗经》和《书经》的教诲，再综合分析利弊得失，最后讨论就任还是离职。

方，兄弟多有建树，子孙也人才辈出，家中一团和气，尊老扶幼，子孝妻贤，后世广为流传。

【原文】

巇者，罅也。罅者，涧也。涧者，成大隙也。巇始有朕，可抵而塞，可抵而却，可抵而息，可抵而匿，可抵而得。此谓抵巇之理也。

【译文】

所谓"巇"，就是"瑕罅"，而"罅"，就是容器的裂痕。裂痕会由小变大。在裂痕刚刚出现时，可以通过"抵"使其闭塞，可以通过"抵"使其停止，可以通过"抵"使其变小，可以通过"抵"使其消失，可以通过"抵"而夺取器物。这就是"抵巇"的原理。

　　一些目光远大的杰出人士，往往都懂得节制自己儿女的物欲的道理。美国前总统肯尼迪的父亲约瑟夫是美国最知名的五大企业家之一。为了防止今后的不测，约瑟夫给每个孩子存了1000万美元的委托金，但他绝不让金钱腐蚀儿女。为使孩子们懂得如何节俭，他每月给他们很少的零花钱。肯尼迪成为总统后，报纸曾公布过他10岁时向父亲递交的一份正式请求，请求父亲将他的零花钱由每星期40美分提高到60美分，但父亲未予准许。另外，约瑟夫十分注意培养儿女的美好品性。他经常邀请知名人士来家里聚餐，鼓励孩子们上餐桌参加他们的谈话。他让男孩子们全部进非教会学校读书，扩大视野。他的四个儿子后来全进了哈佛大学，个个有所作为。

《周易》中说："君子藏器于身，待时而动。"我们一旦觉察到隐患随时可能萌生，就要用"器"将它斩杀于摇篮之中，做到防微杜渐。这便是鬼谷子抵巇之术的精髓。

2. 欲成大事，必重小节

《鬼谷子》中说："有近而不可见，远而可知。"为什么在近处的反而看不见呢？因为近处的东西太平常了。同样的道理，生活中有很多事情不被我们重视，因为它们太小了。但是有句古话说："不积跬步，无以至千里"。对于想干大事的人，是绝不可轻视小节的。

有个富家子弟特别爱吃饺子，每天都要吃。但他只吃馅，吃完了就将饺子皮丢到屋子后面的小河里。好景不长，在他16岁那年，一把大火烧了他的家，父母也相继病逝。这下他身无分文，又不好意思要饭。邻居家大嫂是个好人，每顿送给他一碗面糊糊。他则洗心革面，发奋读书，发誓三年后考取官位回来，好好感谢大嫂。三年后，他果真考中了举人，做了官，于是就衣锦还乡去见大嫂。大嫂什么礼物也不愿意接受，而是对他说："你不要感谢我，我没给你什么，三年来你吃的饭都是你当年丢下的饺子皮，我收集晒干后装了几麻袋，本来是备不时之需的，正好你有需要，就还给你了。"大官愣住了，继而思考良久……

世间万物都是由小到大发展变化而来的，都有一个量变的积累到质变的变化过程。一个人的本性是善的，可是如果不注意修养自身，日后也可能逐渐变坏。这就是"勿以善小

【原文】

事之危也，圣人知之，独保其身；因化说事，通达计谋，以识细微。经起秋毫之末，挥之于太山之本。其施外兆萌牙蘖之谋，皆由抵巇。抵巇之隙，为道术用。

【译文】

当事物出现危机之初，只有圣人才能知道，而且能单独知道它的功用，按照事物的变化来说明整理，了解各种计谋，以便观察对手的细微举动。万事万物在开始时都像秋毫之末一样微小，一旦发展起来就像泰山的根基一样宏大。当圣人将行政向外推行时，奸佞小人的一切阴谋诡计都会被排斥，可见"抵巇"原来是一种方法。

而不为，勿以恶小而为之"的道理。

周武王灭掉商朝，做了天子以后，远方的西戎国派使臣送来一条大狗。这条狗是西戎的特产，非常名贵，武王高兴地收下了。召公担心武王贪图享受，就劝谏他。武王觉得不过收下一条狗，没什么大不了的。召公说："贤明的君主应该给百官做出表率，随时注意积累自己的德行，哪怕是小细节也应该注意。大德是由小德积累而来的，就好像用土去堆一座很高的山。山很快就堆成了，只差一筐土的高度。如果这时你停止了，就不能成功，这不是太可惜了吗？你是一个贤明的君主，可不能犯这种错误啊！"武王听了召公的劝告，就专心治理朝政，最终成为一位贤明的君主。

召公说得没错，越是干大事业的人，越应该注意小节。俗话说"千里之堤，溃于蚁穴"，垃圾堆里的一点火星，就可以把一座宫殿烧成灰烬。

检测一个人能不能干成大事，有很多种方法，但最简单的一种，就是看他在处理小事时的态度和做法。

明朝抗倭名将戚继光出身将门，他的父亲戚景通对他管教很严格。戚继光12岁的时候，有一次，有人送给他一双很漂亮的丝织鞋子。戚继光很喜欢这双鞋，就穿着它跑来跑去。戚景通一见，十分恼火，立刻将儿子叫住，斥责道："你有吃有穿，还不知道满足，小小年纪就穿这样的鞋子，长大后你就会去追求荣华富贵。要是你今后当了军官，说不定还会侵吞士兵的粮饷，后果不堪设想啊！"戚继光听了父亲的教诲，感到很惭愧，他立刻弯腰脱掉丝织鞋子，换上了布鞋。从此，他再也不追求奢侈生活了，当上将军以后，他依然过着俭朴的生活。

可以说，注重小节是一种严谨的态度，是一种宝贵的修养，也是成就大事的根本。正如鬼谷子所言："经起秋毫之末，挥之于太山之本。"只有注重小节，才能稳固根基，扎实推进，到达理想的彼岸。

3. 运用"抵巇"，消灭祸患于萌芽之中

《鬼谷子》中说："巇者，罅也。罅者，涧也。涧者，成大隙也。巇始有朕，可抵而塞，可抵而却，可抵而息，可抵而匿，可抵而得。此谓抵巇之理也。"其本意是，所谓"巇"，就是"瑕罅"，而"罅"，就是容器的裂痕，裂痕会由小变大。在裂痕刚刚出现时，可以通过"抵"使其闭塞，可以通过"抵"使其停止，可以通过"抵"使其变小，可以通过"抵"使其消失，可以通过"抵"而夺取器物。这就是"抵巇"的原理。

当危机刚出现苗头的时候，智者就能敏锐地察知，而愚者还蒙在鼓里，往往对智者的忠告不屑一顾。古代圣贤明君

【原文】

圣人见萌牙戏罅，则抵之以法。世可以治，则抵而塞之；不可治，则抵而得之；或抵如此，或抵如彼；或抵反之，或抵覆之。

【译文】

当圣人看到萌芽的裂痕时，就设法治理。当世道可以治理时，就要采取弥补的"抵"法，使其得到弥合继续保持它的完整，让它存在下去；如果世道已坏到不可治理，就用破坏的"抵"法，彻底把它打破，占有它并重新塑造它。或者这样"抵"，或者那样"抵"；或者通过"抵"使其恢复原状，或者通过"抵"将其打破。

能把国家治理得很好，是因为他们能及时发现问题，在危机还处于萌芽状态的时候就加以消除。

天下刚刚安定，需要创造一个和平安宁、休养生息的环境。但维护这个和平环境是很不容易的，一旦放松警惕，就难免沉渣浮起，搅浑一池春水。所以为政者要明白，休养生息不等于"刀枪入库，马放南山"无事可做了，而是要时刻戒备。危机和危难往往蕴藏于太平盛世、安定祥和之中。而危机和危难的爆发，肯定有其最初的细微诱因和苗头。我们要时刻居安思危，将这些诱因和苗头消灭在萌芽之中，切不可酿成大乱再去处理。

诸侯之间互相征伐，斗争频繁，不可胜数。在混乱的战国时代，善于运用不同"抵"法斗争的诸侯才是强者。"防微杜渐"这四个字，既适用于国，也适用于家。家庭是社会的细胞，家庭美满、幸福，社会才能稳定、发展。要做治国平天下这样的大事，先要从日常居家小事做起，从一言一行做起。老子说过："千里之行，始于足下。"若小节不修，言行不信，虽是小事也可能酿成大的祸端。所以，家要在一开始就立下规矩，不脱离正常的轨道。只有如此，才能使家中诸人和睦友爱。

【原文】

五帝之政，抵而塞之；三王之事，抵而得之。诸侯相抵，不可胜数。当此之时，能抵为右。

【译文】

对五帝的圣明政治，只能采取弥补的"抵"法，继续保持它的完整；三王从事的大事就是因为世道已坏到不可治理，而用破坏的"抵"法彻底打破并占有它。

4. 革旧迎新，顺势而动

《鬼谷子》认为，对于"抵巇"的运用方法不能一成不变，而是要见势而动。

革旧迎新是历史发展的必然趋势，是不以人的意志为转移的。荆轲不畏牺牲，独自去刺杀秦王以失败告终，然而，从另外一个角度来说，荆轲的刺杀行动却是以阻止六国统一为目标的，是与历史发展方向相背的，失败也是必然的。当时秦国攻灭燕赵，统一六国，是符合社会发展趋势的，不是某个刺客的暗杀行动所能阻止的。

变革旧的事物，发展新的事物，需要在有准备的基础上经过一段时间的考验，然后再慢慢被人们理解、接受。古代圣王的变革都是顺天应人、大公至正的，没有什么阴谋可疑之事，就像是老虎身上的斑纹一样昭然可见，天下人看得清清楚楚，无不信从。东汉的马融说"虎变威德，折冲万里，望风而信"，可见"德"是多么重要，任何人在推行变革之时，若能够做到德行天下，革道显明，天下人自然会云集响应，这样的变革前景当然美好。

西周文王英明能干，他顺应历史发展潮流。顺应人心，讨伐昏君商纣，其决心和志向被人们所赞扬。于是许多才俊之士如太颠、辛甲、闳夭、散宜生等纷纷前来投奔，连邻近的诸侯小国也来归附，他们都聚集到周文王麾下，为兴周灭商效力。文王的这些准备为后来的武王伐纣，建立周家天下奠定了坚实的基础。

变革需要分步骤分阶段地进行，是一个循序渐进的过程，它不能一蹴而就，更不是靠一股热情就能奏效的。它要考虑天时、地利、人和等众多因素。变革是件非常严肃的事情，需要热情，更需要冷静；需要勇敢，更需要智谋。盲目采取行动会有凶险，说明此时宜于审慎稳进，不宜贸然行动。对变革的舆论，必须经过反复多次的研究探讨，进行审慎周密的考虑安排，证明变革确实合理可行。同时，还要得到人们

【原文】

自天地之合离终始，必有巇隙，不可不察也。察之以捭阖，能用此道，圣人也。

【译文】

自从天地之间有了"合离""终始"以来，万事万物就必然存在着裂痕，而不可不研究这个问题。要想研究这个问题就要用"捭阖"的方法，能用这种方法的人，就是圣人。

的理解与信任，只有这样，才可以大刀阔斧地变革。

如果不该变革的时候贸然变革，就有点激进和冒险，其效果不会太好，甚至会适得其反。若到了该变革的时候还不变革，就会错失良机，贻误大事。

变革成功之后，对变革成果的维护也很重要。历朝历代在经济与政治改革获得一定的成功之后，一再强调要稳定。变革之前，主要的问题是变革；变革一旦成功，主要的问题就不在于变革而在于守成了，此时要好好地巩固变革的胜利成果，持守正道，以使老百姓逐渐享受到变革的利益。如果此时不安守既有成果，又思变革，势必过犹不及，导致凶险。

当今时代，竞争激烈，因此，企业只有顺应市场形势，积极改革，才能在市场竞争中脱颖而出。

商人威尔逊为了打造一流的旅馆，第一次在房间里使用了空调、电视，还为孩子们设计了游泳池，增加了照顾孩子的服务项目，甚至设计了为旅客的小狗居住的免费狗屋。所有这些，在当时都是闻所未闻的。正因如此，当其他旅馆冷冷清清时，威尔逊的旅馆却总是挤得满满当当。

威尔逊敢于突破传统旅馆的束缚，将各种先进设备引入房间，有针对性地设计服务项目，为客人提供各种各样的方便，这就是他的成功之处。反之，若一味固守老传统、老经验，就会扼杀财富的萌芽。"当此之时，能抵为右"，这可以看作鬼谷子对现代人的忠告。

【原文】

圣人者，天地之使也。世无可抵，则深隐而待时；时有可抵，则为之谋；可以上合，可以检下。能因能循，为天地守神。

【译文】

圣人是天地的使者。当世道不需要"抵"的时候，就深深地隐居起来，以等待时机；当世道有可以"抵"时，对上层可以合作，对下属可以督察，有所依据、有所遵循，这样就成了天地的守护神。

【原文】

凡度权量能，所以征远来近。立势而制事，必先察同异，别是非之语，见内外之辞，知有无之数，决安危之计，定亲疏之事，然后乃权量之。其有隐括，乃可征，乃可求，乃可用。

【译文】

凡是揣度人的智谋和测量人的才干，就是为了吸引远处的人才和招来近处的人才。造成一种声势，进一步掌握事物发展变化的规律，首先一定要考察派别的相同和不同之处，区别各种对的和不对的议论，了解对内、对外的各种进言，掌握有余和不足的程度，决定事关安危的计谋，确定与谁亲近和与谁疏远的问题，然后权衡这些关系。如果还有不清楚的地方，就要进行研究，进行探索，使之为我所用。

飞箝第五
对人才的识别与控制
收放自如，精明用人

所谓"飞箝"，其意犹如"捭阖"，不过这里侧重于笼络人才之意。"飞"者，指使人敞开心扉自由言论的方法；"箝"者，本意指夹住，引申为"控制"，指使人不能自由活动的方法。飞箝之术，即先用动听诱人的话套住对方，从其言谈中察知真实意图，最后使对方为我所用或制服对方。古往今来，任何人要想成就大业，都必须有人才辅佐。选用人才的关键，就在于能准确权衡人的智能、才干和气质，并坚持正确的用人方法。

1. 要善于发掘和使用人才

为统帅者，必须得到人才的辅佐，才可能成就大业。要得人才，首先要识人才，这就需要有鉴人之术，正如鬼谷子所言，"凡度权量能，所以征远来近"。为统帅者若不能鉴人识人，即便身边人才济济，也会视而不见。

春秋时期，楚国人卞和为国献宝玉，楚厉王与楚武王有眼无珠，卞和一献失左足，再献失右足。幸好贤明的楚文王即位后，主动召卞和进宫，并慧眼识玉，这块宝玉才没有被埋没。楚文王为表彰卞和几次冒死献宝，就将这块宝玉命名为"和氏璧"。

真正有才能潜质的人，好似那块"和氏璧"，一眼看上去平淡无奇，只有通过有识之士的发现、举荐和精心培养，才能展现其真正的才华和价值。

春秋时期，晋国有个大夫叫祁黄羊，善于举荐人才。有一天，晋王问他："你觉得谁适合做南阳县令？"他说："解狐。"晋王疑惑地问："解狐不是你的仇人吗？"他说："我只推荐合适的人，不管他是不是我的仇人。"解狐上任以后，非常称职，百姓们都很满意。后来，晋王又问他："谁适合做京城的尉官呢？"他说："祁午。"晋王又问："祁午不是你的儿子吗？"他还是说："我只推荐合适的人，不管他是不是我的儿子。"祁午上任后，果然也很称职。孔子知道这件事后，称赞他说："祁黄羊推荐人只看才能，不论亲仇，说出的话经得起考验，真是个诚实可信、大公无私的人啊！"

人们常说，"千里马常有，而伯乐不常有"，说明伯乐难找，其实伯乐也难当。如果祁黄羊不从社稷利益出发，他就很难做到唯才是举。因此，当好伯乐，必须先做品德高尚的人。人才问题是关系国家兴衰之大事，墨子云："国有贤良之士众，则国家之治厚。贤良之士寡，则国家之治薄。"可见人才的重要性。人才是一种

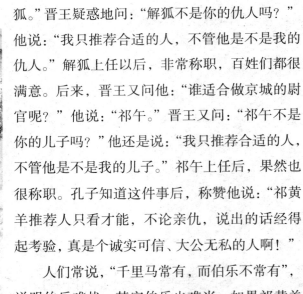

资源，更是一种财富。

古代杰出的政治家都善于用人，比如唐太宗李世民。唐太宗认为，"致安之本，唯在得人"，所以他很重视选官用人。他求贤若渴，为了改善吏治，争取各地主集团的支持，选拔任用了许多有才能的人担任要职。这些人出身不同，代表了各种势力，有原秦王府的臣僚，有追随李建成反对他的政敌，有关中军事贵族和南北士族，也有出身低微的寒门人士。由于唐太宗在一定程度上能够"拔人物不私于党"，以才取人，甚至破格用人，所以贞观时期人才济济，出现了一批对国家的治理有杰出贡献的著名将相，如房玄龄、杜如晦、魏征、李靖等。这些谋臣猛将为李唐王朝贡献了自己的聪明才智，保证了唐朝的政治稳定和各种政策的施行。这与"贞观之治"局面的形成是密切相关的。

作为一名合格的领导者，就要有伯乐识别"千里马"的眼力和能力，只有善于发现人才，并使之为我所用，才是合格的领导者。21世纪最主要的竞争就是人才的竞争，只有具备伯乐的眼力，才能把更多的人才招到自己旗下，从而在激烈的竞争中处于不败之地。

2. 礼贤下士，吸引人才

通过鉴人之术锁定人才之后，怎样吸引人才为我所用呢？只知鉴才而不能用，岂不成了叶公好龙吗？在这里，鬼谷子提出了"飞而箝之"的办法，即首先要了解对方，其次要以褒扬的方式俘获其心。

【原文】

引钩箝之辞，飞而箝之。钩箝之语，其说辞也，乍同乍异。其不可善者，或先征之，而后重累；或先重累，而后毁之。

【译文】

借助引诱对手说话的言辞，然后通过恭维来箝制对手。钩箝之语是一种游说辞令，其特点是忽同忽异。对于那些以钩箝之术仍没法控制的对手，或者首先对他们威胁利诱，然后再对他们进行反复试探；或者首先对他们进行反复试探，然后再对他们加以攻击摧毁。

【原文】

或以重累为毁；或以毁为重累。其用或称财货、琦玮、珠玉、璧帛、采色以事之，或量能立势以钩之，或伺候见涧而箝之，其事用抵巇。

【译文】

有人认为，反复试探就等于对对方进行破坏，有人认为对对方的破坏就等于反复的试探。想要重用某些人时，或者先赏赐财物、珠宝、玉石、白璧和美丽的东西，以便对他们进行试探；或者通过衡量才能创造态势来吸引他们；或者通过寻找漏洞来控制对方，在这个过程中要动用"抵巇"之术。

商朝末年，周文王为了实现灭商兴周的大计，四处网罗人才。由于他的礼贤下士，许多才俊之士纷纷前来投奔。但文王还是不满足已有的人才储备，仍然四处搜寻。一次，文王出外狩猎，占卜得知：捕获的不是龙、不是虎，也不是罴，而是独霸天下的辅臣。于是，周文王西出狩猎，果然遇吕尚于小溪之上。两人谈论之后，文王大喜，说："我的祖先曾经预言说：'将来会有圣人到达周邦，帮助周国振兴。'难道说的就是你吗？我的祖先太公盼望你已经很久了。"于是称姜尚为"太公望"，立为周之国师。姜尚也不负众望，辅佐文王，一面加紧生产，一面训练兵马，先后灭掉了密须、崇等助纣为虐的诸侯国家，使周的疆界大为扩展，为灭商奠定了坚实的基础。

作为一个心有大志之人，能够屈己求贤，那么天下贤能的人就会云集而响应，一齐聚集到他的麾下，为他的事业出谋划策。

战国时候，群雄争霸。燕国因为内乱和齐国的侵略，国力衰败。燕昭王继位以后，想重振国威，可是苦于手下无人。

一天，他去拜见贤士郭隗，诚恳地说："我想招纳贤士，却不知道先去请谁才好，请先生教我！"郭隗说："我给大王讲个'千金买马骨'的故事。从前，楚王很想得到一匹千里马，不惜拿出一千镒金子来买马，但三年过去仍一无所获。楚王又派一位侍臣到民间四处访寻。一天，侍臣得知一户人家里有匹千里马，高兴极了，哪料他急匆匆赶去的时候，那匹千里马已经死了。侍臣就拿出五百镒金子，买下了这匹千里马的尸骨，带回去见楚王。楚王看到死马，非常生气，说：'我要的是活的千里马，你买匹死马有什么用？'侍臣说：'大王息怒，你付五百镒金子买一匹死马，若天下人知道了，还怕没人把千里马送上门来吗？'果然，不到一年，楚王先后得到三匹千里马。如今，大王希望招致天下贤才，就请把我当作'死马'吧，那些比我更贤能的人一旦听到这个消息，肯定会来投奔你的！"

燕昭王大喜，立刻拜郭隗为老师，为他造了一幢华丽的住宅。消息一传开，乐毅、邹衍、剧辛等有才能的人，纷纷来到燕国。燕昭王对他们都委以重任。在群贤的辅佐下，燕昭王经过二十八年的励精图治，日益富强。后来，乐毅指挥燕国军队，将强大的齐军打得一败涂地，报了当年的破国之仇。

历史上敬重人才的例子还有很多。春秋时期，齐桓公不计前嫌，任用管仲为相，成就春秋霸业；三国时期，曹操听说许攸来访，喜出望外，连鞋子穿反了都不知道，在许攸的帮助下，曹操打赢了著名的官渡之战；刘备"三顾茅庐"，终于请得诸葛亮出山，为他创下了三分天下的霸业；而唐太宗李世民的礼贤下士更胜人一筹，他居然四次下诏，请出身贫寒的马周出来做官。只有热情、诚恳地对待人才，才能赢得有识之士的诚心相助，成就大业。

《世说新语》中记载了一个故事，一个叫顾荣的高官在洛阳，一次应邀赴宴，发觉端烤肉的人露出很想吃烤肉的神态，就把自己那一份让给了他。同席的人都讥笑顾荣，顾荣说："哪有成天端着烤肉，却不知道烤肉滋味的道理？"后来顾荣遇上战乱，过江避难，路上每逢遇到危难，总有一个人在身边保护他。一问缘由，原来就是受赠烤肉的那个人。

风平浪静的时候，聚集在身边的人，不一定是真正的知己，一旦事到临头，这些人就作鸟兽散了。但在危难之时不离不弃，携手共渡难关的一定是真正值得珍惜的朋友。所谓"疾风知劲草，日久见人心"，说的就是这个意思。

李元度被曾国藩称为"患难与共"的人，他早期与曾国藩的关系十分密切。曾国藩兵败靖港的时候，曾数次愤而自杀未遂。当时，在他身边"宛转护持，入则欢愉相对，出则雪涕鸣愤"的人就是李元度。后湘军在九江水域大败，损失惨重，曾国藩"愤极，欲策马赴敌而死"，被劝止。在此困难之时，李元

度投笔从戎，"护卫水师，保全根本"。在咸丰六年的时候，湘军周凤山的军队在江西樟树镇被太平军击溃，曾国藩部下再无得力的陆军，完全倚仗李元度率领的平江勇士"力撑绝续之交，以待楚援之至"。在曾国藩困守江西最为艰难困苦的

岁月里，李元度始终不离不弃、倾力辅助。最终帮助他走出了艰难的时期，为以后的东山再起赢得了宝贵的机会。

把人才当作朋友、知己一般对待，使其怀有知遇之感，自然不难赢得人才之心，从而为自己的事业加上一枚重重的砝码，这是古今中外无数成功者的成功秘诀。

3. 善施恩德笼络人心

《鬼谷子》认为，评判一个领导者是否合格的重要标准之一就是能否让各种各样的人才为己所用。而"箝"——也就是以正确的方法控制人才，则是使用人才的有效手段。

欲成大业，人才的重要性是不言而喻的。若无人才相助，或有人才而不能用，必然成不了大事。汉高祖刘邦在起事之前不过是一个地方小吏，在后人看来甚至还有些好吃懒做、不务正业之嫌。最后能成为大汉帝国的开国皇帝，非他有不世之才，是因为他有张良、萧何、韩信等一群栋梁之材的辅佐。当然，有栋梁之材相助，还要知人善任并驾驭之，如此才能成就大业。韩信、陈平、黥布等人曾是项羽的部下，归附刘邦之后都被重用。

以张良、萧何、韩信等人之才，为何甘愿受刘邦驱使？刘邦必然有其过人之处，照韩信的说法是他"善将将"。从刘邦封韩信、彭越的举动中，我们就能领略刘邦"善将将"的本领。

秦亡后，刘邦和项羽争夺天下。刘邦逐渐由劣势转为优势，于是领兵追击楚军，在阳夏南安营扎寨，派人与大将韩

【原文】

将欲用之于天下，必度权量能，见天时之盛衰，制地形之广狭，阻险之难易，人民货财之多少，诸侯之交孰亲孰疏，孰爱孰憎。

【译文】

如果想把自己的才华用之于天下，必须通过比较分析，了解各诸侯的权力和能量。要考察自然和社会以了解天地的盛衰，掌握地形的宽窄和山川的险阻，了解人民财富的多少。要考察各诸侯的交往中谁与谁亲密，谁与谁疏远，谁与谁友好，谁与谁相恶。

信、彭越约定日期会师。可是到了约定日期，韩信、彭越的军队并没有来。刘邦孤军深入，被楚军击败，只好退却下来，坚守壁垒。刘邦又急又怒，于是请来张良求教对策。张良分析了当时的形势，说："现在楚军眼看就要完了，可韩信和彭越还没有得到封地。两人功勋卓著，本应封王，现在你若允诺灭楚后给韩信、彭越封王，他们必定前来助战。这样，几路大军联合，消灭楚军就易如反掌了。"刘邦依计而行。韩信、彭越很快出兵，几路大军会师在垓下，韩信用十里埋伏消灭了项羽的残部，逼得项羽自杀。刘邦终于登上了皇帝的宝座。

明君必备的素质就是审时度势，从谏如流，刘邦就具备了这两点，这也是张良等人才甘愿为其效力的原因。

"滴水之恩，涌泉相报"，于是就有了"生当陨首，死当结草""士为知己者死""风萧萧兮易水寒，壮士一去兮不复返""君子死知己，提剑出燕京"等说法，这无一不是"感情效应"的体现。君主用恩情来维系与臣下的关系，其效果显著。比如刘备与诸葛亮，就很好地证明了这一点。

【原文】

心意之虑怀，审其意，知其所好恶，乃就说其所重，以飞箝之辞钩其所好，乃以箝求之。

【译文】

要详细考察和分析对方的想法和胸怀，审察其意向，了解其好恶，然后抓住对方最注重的问题游说他，先用"飞"的方法投其所好，说出能使他高兴的话，然后再用"箝"的方法控制他，使他信任你，重用你。

项羽像

刘备为求诸葛亮出山曾三顾茅庐，诸葛亮心怀知遇之恩，尽心竭力辅佐刘备。刘备临终前，曾将自己的儿子刘禅托付给他，请他帮助刘禅治理天下，并且诚恳地表示："你能辅佐他就辅佐他，如果他不好好听你的话，干出危害国家的事来，你就取而代之。"刘备死后，诸葛亮殚精竭虑，帮助后主刘禅治理国家。曾经有人劝他称王，被他严词拒绝，他说："我受先帝委托，已经担任了这么高的官职；如今讨伐曹魏没见什么成效，却要加官晋爵，这样做不是不仁不义吗？"诸葛亮六出祁山，北伐中原，最终积劳成疾，病死在五丈原。诸葛亮的一生，可以说为蜀汉"鞠躬尽瘁，死而后已"，固然他具有匡扶乱世之志，而刘备的善施恩德在其中也发挥了很重要的作用。

在古代，感情投资也是统治者收买人心的把戏，但它也包含着管理上的一些基本原则。因为只有让人们切实感受到获益，人们才会真心拥护你，并发自内心地跟随你创业图强。总之，要想留住人才，就一定要好好经营你的感情投资。

感情投资，即用感情代替其他一些有价值的投资资本来进行投资，其实在这个人性社会，感情投资才是一切投资的最终境界，通过金钱、实物等投资出去的，无形中就转化为感情投资，得到的回报也有意或无意地体现在感情中。感情投资是人性社会很有效的投资策略。聪明的管理者在工作生活之中，会主动给下属恩惠，让下属产生"大树底下好乘凉"的感觉，这样富有人情味的上司必能获得下属的衷心拥戴，从而调动起下属的积极性，激发他们努力工作，为事业的发展尽心尽力。

4. 谨慎控制人才，不可丧失其度

《鬼谷子》中说："用之于人，则空往而实来，缀而不失，以究其辞。可箝而纵，可箝而横；可引而东，可引而西，可引而南，可引而北；可引而反，可引而覆。虽覆能复，不失其度。"

其中的意思是，如果把"飞箝"之术用于他人，可用好听的空话去套出对方的实情，通过这样的连续行动，来考察游说的辞令。这样就可以实现合纵，也可以实现连横；可以引而向东，也可以引而向西；可以引而向南，可以引而向北；可以引而返还，也可以引而复去。虽然如此，还是要小心谨慎，不可丧失其节度。

当年，孙武向吴王阖闾进献兵法十三篇，即后世所称道的《孙子兵法》，吴王读后大悦，当即任命孙武为大将。史载，孙武曾率兵"西破强楚，入郢，北威齐晋，显名诸侯"，为吴国的霸业立下赫赫战功，从而赢得"兵圣"的千古美名。

古代辅佐帝王的名将名相，一般都具备"进不求名，退不避罪，唯民是保，而利合于主"的精神。只有这样的将相，才能称得上是国家的宝贵财富。蜀汉丞相诸葛亮在率军攻打魏国前，曾写下《出师表》，表明自己"鞠躬尽瘁、死而后已"的精神。但是在连胜几阵的大好形势下，由于错用"言过其实"的马谡镇守街亭，导致街亭失守，蜀军一下子转胜为败，满盘皆输，只好撤军回国。诸葛亮为了严肃军纪，挥泪斩了马谡。自己也做了深刻的反省和自责，上奏幼主刘禅，请求把自己连降三级，并将自己的过错公布于全国，让大家揭发其缺点。诸葛亮的所作所为，令人钦佩，真不愧为"国之宝"。

用之于人后，靠自己的努力做出了成绩，积攒了一定的威望，这是令人快慰的事。但是也要当心，"木秀于林，风必摧之"，这会引起小人的嫉妒。在某种特定的情况下，甚至会引起人主的猜忌。唐时贤相魏征，常常当面指出唐太宗的过错，让唐太宗下不来台。有时唐太宗也大为恼怒，甚至想把魏征杀掉。但恼过之后，仍觉得魏征人品好。他说："人言魏征举止疏慢，我视之更觉妩媚。"魏征因犯颜直谏，虽总有被杀头的危险，但始终有惊无险，一方面是因为魏征心地磊落，其所作所为都是为了国家；另一方面，则是因为他遇到的是唐太宗这样的明君。在古代历史中，同样是为国出力、肝脑涂地，但因为遇到的君主不同，结局往往大相径庭。战国时代著名改革家商鞅的悲剧性结局就是一例。

战国时期，秦孝公任用商鞅实施变法。商鞅变法取消了贵族的特权，规定重新按军功大小给予爵位。贵族由此失去了无功受禄的特权，对商鞅十分不满。而秦国经变法以后，很快强盛起来，生产力大大提高，国库充盈，将士作战勇猛，威震六国。商鞅因变法有功，受封商地十五邑，号"商君"。在变法过程中，太子的老师触犯了法律，商鞅为了使新法得以实施，依法进行了严厉公正的处置。太子曾为老师向商鞅说情，但无济于事。从那时起，太子便对商鞅恨之入骨，欲除之而后快。孝公死后，太子嗣位，史称惠文王。有人乘机诬陷商鞅谋反。惠文王虽然清楚商鞅没有谋反，但为了出气，还是下令逮捕商鞅。商鞅此时在自己的封地，听到消息后便只身逃了出来，打算潜往别国躲避。这天，天色渐渐暗了下来，

商鞅急于逃离秦境，匆匆赶路来到关下，不想被守关军士拦住，声称："商君有令，黄昏后非公事不得出城。"商鞅只好来到一家旅店，要求住宿，老板走出来说："请问你是谁，我要是接待了身份不明的人，会被杀头的。这是商君的法令，违背不得呀！"商鞅当然不敢承认自己的身份，他走出旅店，仰天长叹道："想不到我自己制定的法律，竟反过来害了我自己！"商鞅后来被抓回咸阳，受车裂之刑而死。

商鞅为秦国的强盛而主持变法，不畏权贵，执法如山，称得上功劳盖世，可惜最后仇家变成了持有生杀大权的君主，而其行程却被自己制定的法令所延误，"作法自毙"，最终惨遭车裂酷刑而死，实在是可悲可叹。

由此可见，我们需要在谨慎和进取二者之间找到一个平衡点，使前进的路途更加平坦通畅。其实，这个点不是轻易就能找到的，而是要像《鬼谷子》中说的"虽覆能复，不失其度"。这需要我们自身拥有较高的修养和智慧。只有这样，遇到事情的时候，我们才可以举重若轻，拿得起，放得下。

忤合第六
当进则进，当退则退

忤合，本意指违背一方的意愿，而合于另一方的意愿。忤合的实质是"以忤求合"，指在处事、论辩或游说中，要准确判定形势，当进则进，当退则退，灵活决定自己的立场，以求实现自己的目标。《鬼谷子》认为，万物皆在变化中，有变化才有发展，正所谓"世无常贵,事无常师"。运用忤合之术，首先要认清自己的前途，知道该联合谁、反对谁，然后要有针对性地研究具体事物，做到知己知彼。这样才能进退自如、游刃有余，将主动权牢牢掌握在自己手上。

1. 联合或对抗都应有相应的计策

《鬼谷子》中说："凡趋合倍反，计有适合。化转环属，各有形势。反复相求，因事为制。"其中的意思是，凡是有关联合或对抗的行动，都会有相应的计策。变化和转移就像铁环一样环环相连而无中断，然而，变化和转移又各有各的具体情形。彼此之间环转反复，互相依赖，需要根据实际情况进行控制。

【原文】

　　凡趋合倍反，计有适合。化转环属，各有形势，反复相求，因事为制。

【译文】

　　凡是有关联合或对抗的行动，都会有相应的计策。变化和转移就像铁环一样环连而无中断，然而，变化和转移又各有各的具体情形。彼此之间环转反复，互相依赖，需要根据实际情况进行控制。

在纷繁复杂的社会生活中，当对立的各方都邀请自己加入的时候，应该接近谁？远离谁？弄清这一点是很重要的。鬼谷子给出的答案是"因事为制"，也就是根据事态的发展来决定。

【原文】

是以圣人居天地之间，立身、御世、施教、扬声、明名也；必因事物之会，观天时之宜，因之所多所少，以此先知之，与之转化。

【译文】

所以圣人生活在世界上，立身处世都是为了说教众人、扩大影响、宣扬名声。他们还必须根据事物之间的联系来考察天时，以便抓住有利时机。国家哪些方面有余，哪些方面不足，都要从这里出发去掌握，并设法促进事物向有利的方面转化。

春秋时期，鲁国是一个弱小的国家，经常受到其他大国的威胁。鲁国国君为了巩固统治，想和晋、楚两个大国结交，就准备把自己的几个儿子派到晋、楚两国去，名义上是当官，其实是人质。鲁国大夫犁鉏（chú）不同意这样做，他对鲁君说："大王，如果你的儿子落水了，你到越国去求人救他，越国的人虽然善于游泳，却救不活你的儿子；如果鲁国失火了，你到海里去取水，海水虽多，却不能及时扑灭大火，这是因为远水难救近火啊！现在晋国和楚国虽然强大，但距离鲁国很远。离我们最近的大国是齐国，如果让公子去齐国，我们和齐国结交，当鲁国有难时，齐国能不来相救吗？"鲁君认为他说得很有道理。

鲁国国君舍近而求远，准备结交一些根本帮不上忙的盟友，这种做法违背了常理，显然是错误的。但是他联合大国，寻求安全保障的做法是正确的。有时候，当我们面临共同的威胁时，单打独斗是很难有胜算的，此时应该建立一条统一战线，团结一切可以团结的力量以克服困难。古语云："人心齐，泰山移。"只要联合足够的力量，即使是泰山挡道，也可以将它移开。

历史上许多有远见的政治家都因做到了这一点而改变了敌我力量的对比，使自己走出了困境。比如三国时期，蜀军败于夷陵，被吴国陆逊火烧七百里连营，损兵折将，导致刘备悲愧交加，病死于白帝城。此时，蜀国内部政权不稳，外部魏国大兵压境。其危急情形正如诸葛亮在《出师表》中所说："先帝创业未半，而中道崩殂；今天下三分，益州疲敝，此诚危急存亡之秋也。"在国难当头之时，诸葛亮没有盲目决定向东吴复仇，而是首先考虑建立统一战线，恢复与东吴的联盟关系。由于统一战线的建立，进攻蜀国的曹真大军被吴将徐盛打得大败，而诸葛亮由于再无后顾之忧，得以放手南征，七擒孟获，北伐中原，六出祁山，取得了一系列的胜利，为蜀国又赢得了几十年的生存空间。

站在一起的盟友，并非各方面都完全一致，因此必须异中求同。这需要有人积极主动，才

【原文】

世无常贵，事无常师；圣人无常与，无不与；无所听，无不听。成于事而合于计谋，与之为主。

【译文】

世界上的万事万物没有永远居于榜样地位的。圣人常常是无所不做、无所不听的。办成要办的事，实现预定的计谋，都符合自己的意见。

可以很快地找到共同点，来解决共同面对的问题。如果双方或多方都自顾矜持，不去主动解决问题，寻找共同点，只是盯着别人与自己不同的地方，那无论什么时候，都不可能找到彼此的共同点。

在现代商业领域，一个企业要发展壮大，也必须善于选择最佳的盟友。

现代电气高科技的迅速发展，对电气材料不断提出新的要求，大量的新材料应运而生。制造节能变压器铁芯的新型低铁矽钢片就是其中一种。一开始，执美国电气行业牛耳的美国通用电气公司和西屋电气公司以及实力不是很强的阿姆卡公司都在研制新型低铁矽钢片，而竞争的结果却是阿姆卡公司拔了头筹。阿姆卡公司十分重视信息情报工作。在研制矽钢片的过程中，发现"通用"和"西屋"也在从事同类产品的研制，远在地球另一端的日本钢厂也有此意，而且准备采用最先进的激光切割技术。阿姆卡公司分析形势后认为，以自己的实力继续独立研制，极有可能落在"通用""西屋"之后，风险极大。若走合作研制之路，就必须选择合作者。与"通用""西屋"联手，未必有利于加快研制过程，而且将来只能与之分享美国市场，同时还得考虑崛起的日本钢厂。而与日本钢厂并肩合作，研制过程自然会加快，将来的市场之大不可限量。于是阿姆卡公司选择了日本钢厂为合作者，结果比原计划提前半年研制成功，战胜了"通用""西屋"两大强劲对手。

同样，在现代商业社会中，凭单打独斗很难取得事业上的飞跃。因此，学会与人合作则至关关键。那么，该怎样选择合作者呢？借用一句名言来说：没有永远的朋友，也没有

【原文】

合于彼而离于此，计谋不两忠，必有反忤；反于是，忤于彼；忤于此，反于彼。其术也。

【译文】

合乎一方的利益，就要背叛另一方的利益。凡是计谋不可能同时忠于两个对立的君主，必然违背某一方的意愿。合乎这一方的意愿，就要违背另一方的意愿；违背另一方的意愿，才可能合乎这一方的意愿。这就是忤合之术。

永远的敌人——凡事要根据形势来判断。这也是鬼谷子思想的精髓。

2. 把握好进退的节奏

《鬼谷子》中说："是以圣人居天地之间，立身、御世、施教、扬声、明名也；必因事物之会，观天时之宜，因之所多所少，以此先知之，与之转化。"大意是，圣人生于天地之间，立身处世都是为了驾驭社会，教化人民，传播学说，宣扬名声。他们必须把握事物的发展机遇，观察自然和社会气候是否相宜，国家哪些方面有余、哪些方面不足，由此做到先知其情，然后运用计谋，促进事物向有利的方面转化。

春秋时，鲁昭公亲小人、远贤臣，把国家治理得一塌糊涂，遭到国人的驱逐，只好出走齐国。鲁昭公与齐景公交谈时，对没有采纳忠言而后悔不已。齐景公看他诚心悔过，就对晏子说，应该帮助昭公回国，使他成为一位贤明的国君。晏子说："昭公因为面临灾难，所以能够说出悔改的话。这就好比'临渴掘井'，已经来不及了。"景公连连点头，认为他说得很有道理。

对于任何事，都应该预先做好准备，假如事到临头才开始寻找办法，就像鲁昭公那样，怎么悔过都没有用了。另一方面，当时机尚未成熟或自己能力确实不足的时候，应知难而退，没必要冒险而进，正所谓"觉迷途之未远，知来日之可追"。还不具备穿越险境的能力和素质时，退回来也许是最好的办法。退回来之后，努力加强自身各方面的锻炼，把自

【原文】

用之于天下，必量天下而与之；用之于国，必量国而与之；用之于家，必量家而与之；用之于身，必量身材能气势而与之。

【译文】

如果把这种忤合之术运用到天下，必须要根据天下的实际情况决定顺从谁；如果把这种忤合之术用到某个诸侯国，必须依据诸侯国的情况来制定实施措施；如果把这种忤合之术运用到某个家庭，必须要根据家族的实际情况运用它；如果把这种忤合之术用到某一个人，必须衡量这个人的才智、能力、气度，从而制定实施措施。

己锻炼得足够强大，在等待中耐心观察，时机总会到来的。

《战国策》里有一则寓言，说的是有两只老虎，因为争食而打斗起来。管庄子准备去刺杀这两只老虎，有人制止他说："老虎是凶狠的动物，人对老虎来说是最香甜的食物。现在两只老虎为争食而打斗，一定是一死一伤，你就等着去刺杀那只受伤的老虎吧！这样，你不用花费杀死一只虎的辛苦，实际上却能得到刺杀两只虎的英名。"

在企业经营中也是如此，一旦商机出现，一定要当机立断，该出手时就出手，这样才能在竞争中占据优势地位。

伯纳德·巴鲁克是美国著名的实业家，他在 30 岁之前就靠经营实业而成为百万富翁。1898 年 7 月 3 日的夜里，28 岁的巴鲁克正与父母一起待在家里，广播里突然传来消息，根据此消息，美西战争即将结束。巴鲁克立即意识到，如果自己能够在黎明前赶回伦敦的办公室，就可发一笔大财。因为这天正好是星期天，第二天就是星期一，而美国的证券交易所在星期一照例都是关门的，只有伦敦的证券交易所照常营业。当时，小汽车还没有问世，火车在夜间又停止运行。巴鲁克赶到火车站租了一列专车，终于在天亮以前赶到了伦敦，当其他投资者还在睡梦中的时候，他已经做成了几笔大交易。就这样，巴鲁克一举成功了。巴鲁克之所以能取得这样的成功，是因为他把握了致富的时机，并立即采取了相应的行动。当别人还在睡梦中时，他已占据了先机。

能不能看到商机是一回事，能不能把握商机又是另一回事。事业成功的法则，就是看到机会来了立即伸手抓住，采取相应的行动，绝不拖延时间。路是人走出来的，越早走上路，成功的目标就越早实现。

【原文】

大小进退，其用一也。必先谋虑计定，而后行之以飞箝之术。

【译文】

无论把这种忤合之术用在大的范围，还是用在小的范围，其功用都是相同的。因此，无论在何时何地都要进行谋划、分析，计算准确了以后再实行忤合之术。

3. 认识自我才能找到用武之地

　　舞台在我们的心中，心有多大，舞台就有多大。鬼谷子认为，不管你的舞台有多大，都要事先有所权衡。权衡什么呢？就是弄清楚在你选择的舞台上，你今后的生活会是什么样子，你会和什么样的人打交道，你想在这个舞台上表现一个怎样的自己。这些想清楚了，如果你还想继续留在这个舞台上，要成就自己的梦想，就要为实现自己的梦去努力、奋斗。

　　只有经过长期不断的努力，才可以一步一步地登上舞台。如果这个舞台虚无得如空中楼阁，让人只能想象而无法触及，或者你的舞台不适合你，那么，你把它想象得再好也无济于事。

　　从前，有个叫朱泙漫的人，对自己平凡的生活十分厌恶，总想干一些大事。有一天，他听说在很远的地方有位叫支离益的人精通屠龙术。朱泙漫很高兴，觉得自己的理想终于要实现了。他变卖了所有的家产，千里迢迢地找到了支离益，提出要拜他为师。支离益看他诚心诚意想学，就答应教他屠龙的手艺。老天不负有心人，朱泙漫夜以继日地勤学苦练，花了三年的时间，终于学会了屠龙的本领。支离益非常欣赏这个徒弟，当朱泙漫告辞回家的时候，师徒二人难舍难分。朱泙漫回到家乡，就挂起招牌，准备收几个徒弟，传授屠龙这门伟大的技艺。然而很多年过去了，没有一个人拜他为师，因为天下已无龙可屠。

　　这个事例说明在不了解自己也不了解社会现实的情况

【原文】

　　古之善背向者，乃协四海，包诸侯忤合之地而化转之，然后求合。

【译文】

　　古代那些善于通过背离一方、趋向一主而横行天下的人，常常掌握四海之内的各种力量，控制各个诸侯，促成忤合转化的趋势，然后达成"合"于圣贤君主的目的。

下,即使有真才实学,但完全脱离实际,最终也只能空自嗟叹:"时不予我兮。"

立志是我们干事业的精神动力和支持。纵观古今,确实是"人无志不立"。秦朝末年,农民起义领袖陈胜的一句"燕雀安知鸿鹄之志哉",其展现出的年轻人的宏大志向震撼了许多人的心灵。西汉时的少年韩信,也经历了一次艰难的抉择。韩信从小就成了孤儿,主要靠钓鱼换钱来维持生活。但是,他胸怀大志,喜欢阅读兵书和练习剑法,立志当一名指挥千军万马的将军。韩信住的镇子上有一个屠夫,为人十分霸道。有一次,屠夫在大街上拦住韩信,公开侮辱他:"韩信,要么你用你的剑来刺我;要么从我的胯下钻过去!"韩信恨不得拔出剑来刺死他,但他最后还是忍住气,从屠夫的胯下钻了过去。满街的人都讥笑韩信,说他是个胆小鬼。后来,韩信被封为楚王,回到家乡,任命那位屠夫为武将。韩信对部下们说:"此人是个壮士,就因为我忍受了他当年的侮辱,锻炼了自己的意志,才成就了今天的功业。"

能屈能伸、胸怀大志，方能成就一番大业。有的人能屈不能伸，懦弱无能，没有主见。有的人能伸不能屈，执迷顽固，脆而不坚。真正的英雄达则兼济天下，穷则独善其身。其实说到底，一个人的性格特征与他梦想的舞台有很大关系。正是韩信的胸怀大志让他选择了忍受"胯下之辱"，最终功成名就，青史留名。

　　现实生活中也有很多满足于现状不求进取的人。他们满足于当前，丝毫不愿意再花时间和精力去发展自己的事业。他们只是守着手里有限的财富过着平庸的生活。而那些依然有追求的人，则会进一步激发自己无限的创造力和生命力，不断地寻找机会发掘财富，让自己变得更加富有。

　　十九世纪中期，英国有一个青年叫詹姆士，他从哥哥那里借了一些钱，开办了一间小药厂。几年后，他的药厂上了规模，每年有几十万美元的盈利。但詹姆士经过市场调查和分析研究后，觉得药物发展前景不大，而食品市场在不久的将来前途光明。所以他决定卖掉药厂，从事食品经营。詹姆士的哥哥极力反对，但詹姆士意志坚定，哥哥就自己盘下了詹姆士的药厂。詹姆士让出药厂后，向银行贷款，买下了"加云食品公司"的控股权。他掌控该公司后，在经营管理和行销策略上进行了一番改革，使公司的销售额迅速增长。很快，在欧洲各国开设分店，形成了广阔的连锁销售网。之后，詹姆士又收购了很多食品公司。二十年后，他的食品连锁店已达2500家，成为英国最大的食品公司，而他本人也成了超级富豪。

试想，如果当初詹姆士像他哥哥一样抱着保守的想法，对自己的小药厂迟迟不肯放手，又怎会有后来跨国连锁店的辉煌呢？

成功不仅需要勤奋和努力，也需要进取心。这样才能不忘理想和追求，才能在自己的舞台上扮演好自己的角色，上演一出又一出的好戏。

【原文】

非至圣达奥，不能御世；非劳心苦思，不能原事；不悉心见情，不能成名；材质不惠，不能用兵；忠实无实，不能知人。

【译文】

如果不是至圣之人，不具备高尚的品德和超人的智慧，是不可能驾驭天下的；如果不劳心苦思，是不可能揭示事物发展规律的；如果不悉心考察事情的真相，就不可能功成名就；如果没有胆识或缺乏爱心，就不能统兵作战；如果只是愚忠而缺少真知，就不能有知人之明。

4. 掌握主动，一举制胜

反忤术的要点在于："非劳心苦思，不能原事；不悉心见情，不能成名。"意思是如果不肯用心苦苦思考，就不可能揭示事物的本来面目；如果不全神贯注地考察事物的实际情况，就不可能功成名就。对此，在斗智中，应明确主客双方处于矛盾地位，无可调和，取胜的关键在于通过周密的思考，依据现实环境，制定出一种切合实际的措施，从而在掌握主动中一举制胜。

在古代有许多变被动为主动、善抓主动权的"反忤术"事例。在现代商战中，作为一个经营者，不管是在商业谈判中，还是在市场竞争中，都要善抓主动权，学会运用反忤术。

克罗原先是美国的一个穷光蛋，没读完中学就出来做工了，后来在一家工厂当推销员，认识了快餐店的麦克唐纳兄弟。他很想对美国的快餐行业进行一番改革，以满足所有美国人对快餐的需求。可是他一贫如洗，哪里有钱来开餐馆呢？于是他决定加入麦克唐纳快餐店。他找到麦氏兄弟，请求留在快餐店里工作，哪怕当一名跑堂的小伙计也行。他提出在当小伙计期间兼做原来的推销工作，并把推销收入的 5% 让利给老板。麦氏兄弟见有利可图，便答应了他的请求。

克罗进入麦氏快餐店后，很快就摸清了餐馆的经营方法和条件。他为了取得老板的信任，工作异常勤奋。他曾多次建议老板改善营业环境，提出配制份饭，轻便包装，送饭上门；建议在店里安装音响，使顾客更加舒适；他还大力改善食品卫生，严格挑选服务员。当然，每项改革都令老板很满意。因为他总是表现得坦诚、可信，给人留下了谦虚谨慎的极好印象。由于他为店里招揽了不少顾客，生意越做越大，老板对他更是言听计从，百依百顺。六年过后，他的经验越来越丰富，头脑中的新点子也越来越多，渐渐露出喧宾夺主的势头。而麦克唐纳快餐店经过六年的发展，在美国也有了一些名气。此时的克罗也通过各种途径筹集到了一大笔贷款，他认为时机成熟，该自己独立创业了。

克罗与麦氏兄弟在 1961 年的一个晚上进行了一次艰难的谈判。开始时，克罗先提出较为苛刻的条件，再稍做让步，最后以 270 万美元买下麦氏快餐店，由他独立经营。麦氏兄弟尽管有种种忧虑和不安，也有不得已的苦衷，但还是无法抗拒这诱人的价格。第二天，麦克唐纳快餐店发生了引人注目的"主仆易位"事件，店员居然炒了老板的鱿鱼。克罗入主后，其快餐店迅速发生了变化，以崭新的面貌享誉全美，没多久就赚回了 270 万美元。

克罗先借助麦氏兄弟的财力、物力来发展壮大自己，然后在适当的时候反客为主，获得了最终的胜利，就这样巧妙地利用了"反忤术"。

【原文】

故忤合之道，己必自度材能知睿，量长短远近孰不知，乃可以进；乃可以退，乃可以纵，乃可以横。

【译文】

因此，要想用好忤合之道，首先应估量自己的聪明才智，衡量自己的优劣长短，分析在远近范围内还不如谁。这样就可以进取，可以退守；可以合纵，可以连横。

揣篇第七
权衡利弊，揣人情直指人心

【原文】

古之善用天下者，必量天下之权，而揣诸侯之情。量权不审，不知强弱轻重之称；揣情不审，不知隐匿变化之动静。

【译文】

古代善于统治天下的人，必然首先度量天下各种力量的轻重，揣摩诸侯的实情。如果对权势分析不全面，就不可能了解诸侯力量的强弱虚实；如果揣摩诸侯的实情不够全面，就不可能掌握事物暗中变化的征兆。

揣，即揣度，指的是忖度人情、事理，权衡事物的利弊、得失，从中发现隐藏的真相。《鬼谷子》认为，要施大政于天下，必须善于"量天下之权，而揣诸侯之情"，即要全面衡量一个国家的国情，以此来决定自己的施政方案。即使是圣人，倘若不知揣的道理，也必将一事无成。因此，揣是一切计谋的基础，也是论辩和游说的根本方法。在现代社会活动中，一方为了达到某一目标，也必须预先准确判断对方的心理，由表及里地发掘其内心的东西，为说服对方做充分的准备。

1. 有所为有所不为

《鬼谷子》中说："古之善用天下者，必量天下之权，而揣诸侯之情。量权不审，不知强弱轻重之称；揣情不审，不知隐匿变化之动静。"其大意是，古代善于统治天下的人，必然首先度量天下各种力量的轻重，揣摩诸侯的实情。如果对权势分析不全面，就不可能了解诸侯力量的强弱虚实；如果揣摩诸侯的实情不够全面，就不可能掌握事物暗中变化的征兆。

辛亥革命前是山西大德通票号最兴盛的时候，但总经理高钰没有得意忘形，而是冷静处事，凡重大进退总是三思而后行。当时，三岁的小儿溥仪被扶上了皇帝的宝座，高钰就看出天下将不安的苗头，于是在经营上采取保守的策略。稍后，革命党人在南方的活动加剧。高钰便觉得事必大变，所以采取了急流勇退的方式，迅速收敛业务。高钰的这一举措，与当时票号界的隆盛局面极不相称，受到世人的讥讽。他的收敛之计刚刚就绪，辛亥革命就爆发了。于是，绝大多数票号由于准备不足，猝不及防，在挤兑风潮的袭击下纷纷关门。而在这些票号遭受灭顶之灾时，大德通票号却有备无患，安然度过了这场金融风暴。

高钰的聪明之处，就在于他知道票号的经营与时局关系极大，一有大的动荡，就可能引起灾难性的后果。因此，他密切关注时局的变化，以此为根据决定自己的经营策略，

【原文】

何谓量权？曰：度于大小，谋于众寡；称货财有无之数，料人民多少、饶乏，有余不足几何？辨地形之险易，孰利孰害？

【译文】

什么叫量权呢？一般来说有十个方面：（一是）度量国土的大小，谋算兵力的多少，衡量整个国家财货的有无，估计百姓有多少，是丰足还是贫乏，丰足和贫乏者各有多少；（二是）分辨各国山川地貌的险峻与平易，考察哪处于己有利，哪处于己有害；商场如战场。

显然这是一种十分明智的做法。

以"石油大王"的名号著称于世的洛克菲勒，当初也是靠着料事如神的绝招打开了巨额财富的大门。1859年，当美国宾夕法尼亚州出现了第一口油井时，洛克菲勒就看到了这项风险事业的前景。在别人畏缩不前的时候，他凭借非凡的冒险精神与合伙人争购了安德鲁斯—克拉克公司的股权。当他所经营的标准石油公司在激烈的市场竞争中控制了美国成品油的90%时，他并没有就此止步。19世纪80年代，在利马地区发现了一个大油田，因为含碳量很高，人们称之为"酸油"。当时没有人能找到一种行之有效的方法提炼它，因此一桶只卖15美分。而洛克菲勒认为这种石油总有一天会找到方法提炼，所以执意要买下这个油田。当时他的建议遭到董事会大部分人的反对，而他却说："我将冒个人风险，自己拿出钱投资这一产品。如果有必要，我可以拿出200万或300万美元。"他的决心终于征得了董事们的同意，实行这一决策。结果，只用了两年时间，洛克菲勒就找到了炼制"酸油"的方法，油价一下子从15美分涨到1美元，石油公司在那里建造了全世界最大的炼油厂，赢利猛增到几亿美元。

有时候，成功需要的是当局者丢卒保车的举动和长远的眼光。有所为有所不为，是一个大将应该具有的能力。

【原文】

谋虑孰长孰短？揣君臣之亲疏，孰贤孰不肖？与宾客之智慧，孰多孰少？观天时之祸福，孰吉孰凶？诸侯之交，孰用孰不用？

【译文】

（三是）分析各国的策略谋划，弄清楚谁的策略更胜一筹；（四是）度量君臣的亲疏关系，知道谁贤德、谁不肖；（五是）分析各诸侯所养的宾客，摸清谁是良才、谁是庸才；（六是）考察各诸侯的命运福祸，观察谁吉利、谁凶险；（七是）考察诸侯的交谊，分析谁可以利用、谁不可利用。

2. 度于大小，谋于众寡

《鬼谷子》中说："何谓量权？曰：度于大小，谋于众寡；称货财有无之数，料人民多少、饶乏，有余不足几何？辨地形之险易，孰利孰害？谋虑孰长孰短？揆君臣之亲疏，孰贤孰不肖？与宾客之智慧，孰少孰多？观天时之祸福，孰吉孰凶？诸侯之交，孰用孰不用？百姓之心去就变化，孰安孰危？孰好孰憎？反侧孰辨、孰知？如能知此者，是谓量权。"这段话的大意是，什么叫量权呢？一般来说有十个方面：一是度量国土的大小，谋算兵力的多少，衡量整个国家财货的有无，估计百姓有多少，是丰足还是贫乏，丰足和贫乏者各有多少；二是分辨各国山川地貌的险峻与平易，考察哪处于己有利，哪处于己有害；三是分析各国的策略谋划，弄清楚谁的策略更胜一筹；四是度量君臣的亲疏关系，知道谁贤德、谁不肖；五是分析各诸侯所养的宾客，摸清谁是良才、谁是庸才；六是考察各诸侯的命运福祸，观察谁吉利、谁凶险；七是考察诸侯的交谊，分析谁可以利用、谁不可利用；八是判断各国老百姓的人心向背，哪国比较安定，哪国潜伏危机；九是考察国内的老百姓拥护谁、厌恶谁；十是考察不顺从的势力，哪些要提防，哪些可相契。如果能把上述十个方面搞清楚，才是达到了"量权"的要求。

在战争中，必须对双方的有关情况做全面而综合的分析，看哪些因素对我有利，哪些因素对我有害，并根据具体情况而设谋用兵，趋利而避危，以求克敌制胜。

春秋末年，伍子胥为报楚平王杀父杀兄之仇来到吴国，帮助阖闾夺取了吴王之位，受到了阖闾的重用。伍子胥派人观测天象，考察地理，又根据四方邻国的实际情况，制订出震慑邻国的规划。这些措施很快使吴国强盛起来。经过一段时间的准备，吴军大举进攻楚国，五战五胜，最后攻陷了郢都，伍子胥终于报了杀父杀兄之仇，阖闾也成就了自己的霸业。

【原文】

百姓之心去就变化，孰安孰危？孰好孰憎？反侧孰辨、孰知？能知此者，是谓量权。

【译文】

（八是）判断各国老百姓的人心向背，哪国比较安定，哪国潜伏危机；（九是）考察国内的老百姓拥护谁、厌恶谁；（十是）考察不顺从的势力，哪些要提防，哪些可相契。如果能把上述（十个）方面搞清楚，才是达到了"量权"的要求。

要战胜对手，必须先了解对手的实力，了解自己与对手共同的环境。知彼知己，才能扬长避短；度人量己，根据企业实际，以自己的优势攻对手的短处，方能稳操胜券。

德国巴伐利亚汽车公司在准备进入日本市场之际了解到如下信息：日本已有几家大汽车公司，如丰田、日产、三菱、铃木等，并有 2 万家汽车经销站，但只销售日本国产汽车，不愿意销售外国汽车。巴伐利亚汽车公司在进一步了解中发现，日本人买汽车怕上当，喜欢向熟人买。日本多样化的销售网络是可以利用的。于是，该公司便与非汽车行业挂钩，通过它们的营业网向各关系户出售自己生产的汽车。利用这条渠道，仅 5 年就创下了在日本年销 14 万辆汽车的纪录，成功打开了日本市场。巴伐利亚汽车公司能打入日本市场并站稳脚跟，原因就在于它研究了日本的市场信息，摸清了竞争

对手的情况，使之能够突破各种阻碍，获得成功。

人是社会性的动物，社会环境对于个人和企业的发展具有重要的影响。人们一般用"天时、地利、人和"来对社会环境加以概括。对于渴望成功的人而言，这三者都是需要加以考虑的因素。鬼谷子这里所说的"量权""揣情"，是需要下大工夫的。

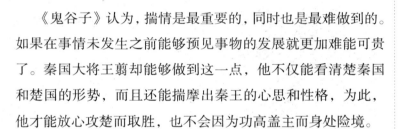

3. 度势用兵，揣情待人

《鬼谷子》认为，揣情是最重要的，同时也是最难做到的。如果在事情未发生之前能够预见事物的发展就更加难能可贵了。秦国大将王翦却能够做到这一点，他不仅能看清楚秦国和楚国的形势，而且还能揣摩出秦王的心思和性格，为此，他才能放心攻楚而取胜，也不会因为功高盖主而身处险境。

公元前 228 年，秦王以燕太子丹派荆轲谋刺一事为借口，命王翦率军攻燕。燕军联合代国进行抵抗。王翦在易水大败燕代联军。翌年冬十月，王翦率军攻占燕都蓟，赶走燕王喜，灭了燕国。

王翦不仅在军事上善于出奇制胜，而且对于形势审时度势，根据战场上各种情况的变化，灵活地制订作战方案。在秦始皇二十三年发起的灭楚战争中，他的这种才能得到了充分的体现。

战前，秦王问年轻壮勇的李信："吾欲取荆，李将军度用几何人而足？"李信说："不过用二十万。"秦王又问王翦，王翦答："非六十万人不可。"于是，秦始皇武断地认为："王

【原文】

故计国事者，则当审权量；说人主，则当审揣情；谋虑情欲，必出于此。乃可贵，乃可贱；乃可重，乃可轻；乃可利，乃可害；乃可成，乃可败；其数一也。

【译文】

所以谋划国家大事的人，就应当详细衡量本国的各方面力量；游说君主的人，则应当全面揣测君主的想法，避其所短，从其所长。所有的谋划、想法、情绪及欲望都必须以这里为出发点。只有这样做了，才能得心应手地处理各种问题和对付各色人物。可以尊敬，也可以轻视；可以施利，也可以行害；可以成全，也可以败坏，其使用的办法都是一致的。

将军老矣，何怯也！李将军果势壮勇，其言是也。"因而命李信和蒙恬率兵二十万攻楚。

其实，王翦的"非六十万人不可"的主张，是建立在对秦楚形势周密分析的基础上的。从当时的情况看，楚国地广人多，兵力雄厚。早在春秋时代，就问鼎中原，称霸一时。战国中期以后，虽兵挫地削，日渐衰落，但还具有相当的军事力量，是当时唯一能与秦国较量的国家。

秦灭掉燕、代、赵、魏以后，楚国感到岌岌可危，决心倾全国之力同秦国决一死战，以挽救危局。况且，楚国还有良将项燕，不可小视。

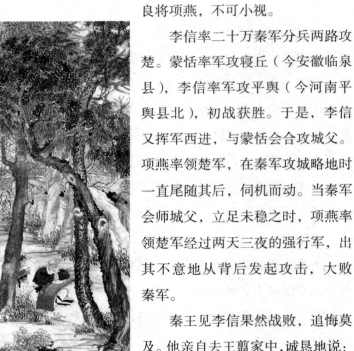

李信率二十万秦军分兵两路攻楚。蒙恬率军攻寝丘（今安徽临泉县），李信率军攻平舆（今河南平舆县北），初战获胜。于是，李信又挥军西进，与蒙恬会合攻城父。项燕率领楚军，在秦军攻城略地时一直尾随其后，伺机而动。当秦军会师城父，立足未稳之时，项燕率领楚军经过两天三夜的强行军，出其不意地从背后发起攻击，大败秦军。

秦王见李信果然战败，追悔莫及。他亲自去王翦家中，诚恳地说："我悔不听将军之言，导致秦军大败。现在楚军向西逼近，威胁秦国，将军虽有病，能丢下我不管吗？"

王翦推辞说："老臣疲病悖乱,唯大王更择贤将。"秦王卑辞恭请,定要王翦复出将兵。王翦见无法推辞,再说:"大王逼不得已而用臣,非六十万人不可。"秦王只好拨兵六十万攻楚。

六十万人,这几乎是秦国的全部军队。王翦手握重兵,深恐秦王猜疑,当秦王来到灞上送行时,王翦故意请求秦王赐给大量的田宅园地。秦王不解地问:"将军出征,还怕家里贫穷吗?"王翦说:"作为大王的将领,有功也不能封侯,我想要点田宅作为子孙的产业。"王翦在部队就要出关时,又五次派人回咸阳向秦王要求赐封良田美宅。有人对王翦说:"将军这样向大王讨要赏赐,未免太过分了吧?"王翦解释说:"不然,秦王性骄而不信人,今空秦王甲士而专委于我,我不多请田宅为子孙业以自坚,顾令秦王坐而疑我啊?"

王翦乞封,用心可谓良苦。他清楚地看到,秦王其人骄而多疑。向秦王请赐田园,根本之意不在福荫子孙,而是为了表示自己忠于秦王,没有叛逆之心,借以消除秦王的疑忌。唯其如此,才能放手指挥国事,保证对楚顺利地作战。

楚王听闻王翦率领大军压境,也倾国中之兵,命项燕率领同秦军决战。王翦见楚军来势凶猛,就采取了"坚壁而守"的作战方针,任楚军挑战,始终闭营不战,王翦每天只让士卒洗浴休息,吃饱吃好。这时楚军寻不到战机,斗志松懈,遂向东转移。王翦乘机挥兵追击,至薪以南,大败楚军。

秦国之所以能够一统天下,横扫六国,正是由于王翦等将领起了至关重要的作用。其中的杰出代表王翦就是一个善于揣情的人,他善于审时度势,揣摩形势,无论对秦王还是对对手都做到了这一点。

【原文】

常有事于人,人莫能先。先事而生,此最难为。故曰:揣情最难守司。

【译文】

人们对某些事情常常感到突然,是因为不能事先预见。能在事情发生之前就预见,这是最难的。因此说:揣情,最难把握。

4. 摸透人心争取主动

《鬼谷子》中说："故计国事者，则当审量权；说人主，则当审揣情；谋虑情欲，必出于此。乃可贵，乃可贱；乃可重，乃可轻；乃可利，乃可害；乃可成，乃可败；其数一也。故虽有先王之道、圣智之谋，非揣情，隐匿无所索之。此谋之本也，而说之法也。"

意思是说，决策国家大事的人，必须精心权衡利弊得失；游说君主的谋士，必须精心揣度实情。一切策划、谋略和欲求，均须从量权和揣情出发。精通揣情之术，可使人富贵，也可使人贫贱；可使人手握重权，也可使人微不足道；可使人受益，也可使人受害；可使人成功，也可使人失败。产生这些差异的法则是一样的。因此，即使你有古代贤君的大德，有大智之人的计谋，若离开揣情之术，就无法识破隐藏的真相。由此可知，揣情之术是策划计谋的根本条件，是游说君主的基本法则。

很多人之所以做事不能够成功，在很大程度上是不了解自己所处的具体环境，对与自己打交道的人不了解，不能够掌握他们的真实想法和底细，不能够量权揣势，不会根据实际情况去制订计划和实施方案。在这一点上，汉时的张良就比别人做得好得多。

张良，字子房，安徽亳州人。秦末农民起义爆发后，他在家乡聚众起义，后来依附刘邦手下，成为刘邦最重要的谋士之一。张良在刘邦创业之际出过许多好的计谋，例如，他

【原文】

故虽有先王之道，圣智之谋，非揣情隐匿，无可索之。此谋之大本也，而说之法也。

【译文】

所以虽然有古代先王的德行，有圣人高超的智谋，不通过揣度探测出隐情，就没办法了解别人。这是谋略的基础和游说的通用法则。

曾建议刘邦联合英布、彭越，重用韩信；劝刘邦不要立六国之后；主张刘邦追杀项羽歼灭楚军，等等，事实证明，这些措施是无比正确的。

当时，刘邦一面下令做好加紧进攻武关的准备，同时请张良前来密商有关入关的事宜。张良向刘邦提出应先派遣一人，潜入关中，为刘邦入关进行游说，以为内应。张良向刘邦推荐了一位名叫宁昌的魏国人，此人胆大机敏、善于应变。刘邦十分赞赏这一举措。

天明，刘邦的大军就向武关进发。这武关在陕西丹凤县东八十五里，是秦关中的重要门户，也是东西交通的枢纽。但这位武关守将，西望咸阳，赵高专权，滥杀王公大臣；二世昏庸，耽于声色犬马；东望中原，王离败、章邯降，大势已去。眼看刘邦大军骤至，守关的残兵败将根本难以抵御。再加上风闻刘邦一路上仁厚信义，不杀降官，便干脆打开关门迎入刘邦。

刘邦万万没有想到，一座雄关就这么兵不血刃地攻了下来，眼看前面就是峣关，便下令督促大军直逼峣关。

张良忙对刘邦说："沛公切勿急躁，武关虽然得手容易，若不加

【原文】

言必时其谋虑。故观蜎飞蠕动，无不有利害，可以生事美。生事者，几之势也。此揣情饰言，成文章而后论之也。

【译文】

游说活动必须深谋远虑选择时机。过去我们看到昆虫蠕动，都与自己的利益相关，因此才发生变化。而任何事情在刚刚产生之时，都呈现出一种微小的态度。这种揣情，需要借助漂亮的言辞或文章，然后才能进行游说应用。

强防卫，项羽大军随后就到，你能抵挡得住吗？"

刘邦恍然大悟："子房以为应该如何防守？"

张良说："现在就要关门谢客。立即加固关防，使它固若金汤，并派重兵良将镇守，以拒各路诸侯于关外。

"这样，沛公便可以领兵从容击杀秦军于关中，直捣咸阳，何愁暴秦不灭？"

于是刘邦依照张良的计谋，令士卒加固武关，并派一员得力的将领守关，才驱兵来到峣关下。

扎营之后，刘邦带着张良等一班谋士，前往观察地形。

这峣关在关中蓝田县境，故又名蓝田关，气势雄伟，地形险要，易守难攻，再加上重兵把守，看来绝非那么容易攻下了，张良建议还不如干脆退守武关，可以观望东西两面的形势。

然而，刘邦深深明白，滞留武关无疑是坐以待毙。

他请来了张良，决心强攻峣关，不是鱼死，就是网破！

张良告诉他：不可！

他说："《太公兵法》告诉我们，战当然要靠勇气才能取胜，但也不是单靠勇气就能够取胜的。峣关，固若金汤，子婴把他全部的赌注都押在了峣关。峣关一破，他即成为瓮中之鳖，因此他不得不拼着性命死守。更何况秦兵还十分强大，并没有到不堪一击的程度。因此现在先不要忙于进攻，可以派兵在峣关对面的山上，遍插沛公旗帜以为疑兵，让他们有如临大敌的感觉，先摧垮他们的士气。另外，现今秦将眼见秦大势已去，灭亡在即，早已斗志涣散，各谋前程，可以派郦食其和陆贾等善辩之士，诱之以利，晓之以理，暗中联络，以为内应。这样，何愁峣关不破？"

于是，刘邦派了郦食其和陆贾，带了黄金珍宝，暗中去拜见守关秦将。这些将领果然早已人心惶惶，都愿与刘邦讲和，这使刘邦去掉了一块心病。他问张良："现在攻打峣关没有问题了吧？"

　　"我以为时机还没有成熟，"张良答道，"郦食其和陆贾虽然买通了个别将领，但是还应该看到，秦军的大部分士兵是关中人，他们的父老和妻室儿女都在那里，他们绝不会让别人攻进他们的家园、杀戮他们的亲人，因此，他们一定会奋不顾身地抵抗。与其和他们拼杀，还不如在他们松懈疲惫之时，迂回包抄，前后夹击。"

　　于是，刘邦率主力绕过峣关，悄悄翻越蓝田东南二十五里的蒉山，突然出现在秦军背后，在蓝田的南部大破秦军，进一步占领蓝田，这样峣关的后路被切断，前后夹击，不攻自破。

　　这样，关中大门洞开，秦都咸阳已无险可守。刘邦十万大军压境，破咸阳如探囊取物。秦始皇万万没有想到，他十年征战统一的国家，又苦心经营了十载的强大帝国，在他死后不到三年，就这般迅速地倾覆了。

　　人们常说："两军相逢勇者胜。"其实不然，两军相逢应该是智者胜。智者能审时度势，运筹帷幄，决胜于千里之外，能够看清事物发展变化的趋势和规律，能够利用一切可以利用的力量和因素，使自己由弱变强，从而掌控局势发展的主动权。张良正是看出这一点，也正是揣透关中人的心思，故他使用"攻心"之术，取得战场的主动权。

【原文】

摩者，揣之术也。内符者，揣之主也。用之有道，其道必隐。微摩之以其索欲，测而探之，内符必应；其索应也，必有为之。

【译文】

所谓"摩意"，是"揣情"的具体办法。"内符"是"揣"的对象。"揣情"需要掌握"揣"的规律，必须保密隐藏。轻轻旁敲侧击，探测别人的真实想法，如果与其内情符合，他就会有所反应。内心的感情要表现于外，就必然要做出一些行动。这就是"摩意"的作用。

摩篇第八
洞若观火，明确意图择法行

"摩"篇是"揣"篇的姊妹篇。摩，本意为揉擦，这里指通过适当的言论刺激对方，以获其真实意图。因此，摩可视为揣的一种具体运用。本篇列举了不少摩的具体方法，如责以正义、诱以利益、施以威吓等。我方通过"揣情"，明确了对方的意图之后，即可择法而行之，称为"摩意"。善于摩意者，必定具有超强的思维能力，他们能根据同气相求的规律，将心比心，将事比事，从而准确察知对方内心的欲求。

1. 在隐藏与伪装中达成目的

《鬼谷子》中说："摩者，揣之术也。内符者，揣之主也。用之有道，其道必隐。微摩之以其索欲，测而探之，内符必应；其索应也，必有为之。故微而去之，是谓塞窌匿端，隐貌逃情，而人不知，故能成其事而无患。摩之在此，符之在彼。从而用之，事无不可。"其中的意思是，所谓"摩意"，是"揣情"的具体办法。"内符"是"揣"的对象。"揣情"需要掌握"揣"的规律，必须保密隐藏。轻轻旁敲侧击，探测别人的真实想法，如果与其内情符合，他就会有所反应。

《鬼谷子》所说的"摩"，就是要通过言语刺激等方式，使对方的真实情况充分暴露出来。与此同时，要做好隐蔽的工作，尽量不暴露自己的内心。这样做的目的，就是要掌握主动权。正所谓"人在明处，我在暗处"，这是所有的谋略家所追求的境界。

曹操击败吕布，夺取了徐州。刘备在势单力薄之时，只好隐藏下自己大展宏图的雄心壮志，暂时依附于曹操。曹操原本对刘备不放心，消灭吕布后，让车胄镇守徐州，把刘备、关羽、张飞一同带回许都。既然归顺于他，曹操就带刘备进见献帝。论起辈分，刘备还是献帝的叔叔，所以后来人家叫他"刘皇叔"。

刘备原来就是豫州牧，这次曹操推荐他当上了左将军。曹操为了拉拢刘备，对他厚礼相待，出门时同车而行，在府中同席而坐。一般人受到如此的礼遇，应该高兴才是，刘备却恰恰相反。曹操越看重他，他越害怕，怕曹操知道自己胸怀大志而容不下他，更怕"衣带诏事件"东窗事发。

原来，献帝想摆脱曹操的控制，写了一道讨灭曹操的诏书，让董承的女儿董贵人缝在一条衣带中，连一件锦袍一起赐给董承。董承得到这"衣带诏"，就联合了吴子兰、王子服和刘备结成灭曹的联盟。因此事关重大，一点风声也不能走漏。

于是，刘备装起糊涂，在后花园种起菜来，连关羽、张飞都摸不透大哥为什么活得

【原文】

故微而去之，是谓塞窌匿端，隐貌逃情，而人不知，故能成其事而无患。

【译文】

在达到了这个目的之后，要在适当的时候离开对方，把动机隐藏起来，消除痕迹，伪装外表，加避实情，使人无法知道是谁办成了这件事。因此，达到了目的，办成了事，却不留祸患。

这么窝囊。其实，刘备正是一味装呆作痴，隐真示假，给曹操一种自甘平庸的感觉，使自己的利益、性命在巧妙的应变中得到保全。

可以说，在战争的实践中，注意隐藏自己的实力，故意让对手轻视自己，是一条重要的原则，这往往能达到麻痹对手的目的。敌人大意时，所有的弱点就会暴露无遗，这时，再准确打击，就可一举击溃对方。

在现代商业活动中，古人们的这些战术，同样被今人所运用，而且获得了不俗的成绩。

美国一家食品店雇用了一个15岁的年轻人。有一天，老板叫他把20篓在冰冻厂受损的香蕉卖出去。这些香蕉只是外面的皮黑乎乎的，颜色不好看，但质量绝对没有问题。当时，市场上完好的香蕉价格是每磅7至8美分，老板让他每磅卖5美分，还嘱咐他说如果实在没人买，就随便甩卖算了。年轻人没有按照老板的吩咐去做，而是在成堆的香蕉面前叫卖道："阿根廷香蕉，快来买啊！"因为名字很新奇，所以吸引了很多人前来围观。年轻人向人群解释说："这些阿根廷香蕉是第一次销到美国，由于是试销，所以低价出售，每磅只要10美分。"围观者听后，都想买阿根廷香蕉尝尝。不到一上午，这些香蕉就被抢光了。就这样，受损香蕉卖出的价格反而比新鲜完好的香蕉还要高。

这个年轻人就是后来的"食品大王"普洛奇。

普洛奇卖"阿根廷香蕉"，只是其经营天才的牛刀小试而已。他没有按照老板的常规吩咐去做，而是一反常理，利用人们追求新奇的心理，高声叫卖"阿根廷香蕉"，抬高价格反而销售一空。通过巧妙营销，化不利为有利，不仅解决了难

【原文】

摩之在此，符之在彼，从而用之，事无不可。

【译文】

"摩"对方是在这个时候，而对方表现自己是在那个时候，只要我们有办法让对方顺应我们的安排行事，就没有什么事情是不能办成的。

题，而且还赚取了意外的利润。

总之，现实中有很多事都是难以预料的，要处理好这类事情，必须学会以不变应万变，在隐真示假、故作糊涂中保全自己，奠定胜基。这也是《鬼谷子》"摩篇"策略的重要精髓。

2. 谋之于阴，成之于阳

《鬼谷子》中说："圣人谋之于阴，故曰神；成之于阳，故曰明。所谓主事日成者，积德也，而民安之，不知其所以利。积善也，而民道之，不知其所以然。而天下比之神明也。主兵日胜者，常战于不争不费，而民不知所以服，不知所以畏。而天下比之神明。"意思是说，圣人谋划事情总是在暗地里进行，人们不知就里，故称之为"神"；而他所取得的成功都显现于众人眼前，所以人们称之为"明"。

就《鬼谷子》"谋之于阴，成之于阳"的实质含义来讲，其实就是告诉我们平时要言行谨慎，做事不张扬，只有如此，才能成就大事。中国人最擅长的就是韬光养晦。因为一个人锋芒太露，很容易招致他人的嫉恨，如此，不但有碍人生发展，

【原文】

古之善摩者，如操钩而临深渊，饵而投之，必得鱼焉。故曰：主事日成，而人不知；主兵日胜，而人不畏也。

【译文】

古代善于"摩意"的人，就像拿着钓钩到水潭边上去钓鱼一样。只要把带着饵食的钩投入水中，就可以钓到鱼。所以说，他主办的事情日益成功，而人们仍不知他是如何成功的；他指挥的军队日益压倒敌军，而人们仍不知战争的可怕。

【原文】

主兵日胜者，常战于不争不费，而民不知所以服，不知所以畏。而天下比之神明。

【译文】

圣人"主兵日胜"，是由于他不热衷于争夺城池，战争的消耗很小，老百姓不知道故国为何拜服，也不知道战争有什么可怕。天下人都把这样的人比之为神明。

弄不好还会为自己惹上麻烦。

隋朝有个叫薛道衡的诗人，他才华横溢，与同一时期的卢思道、李德林齐名，是当时的文坛领袖。就是这样一位大才子，最终被隋炀帝杨广逼令自尽，薛道衡的死，与他锋芒太露、恃才傲物的性情脱不了关系。早在隋文帝时，薛道衡就因被弹劾在朝中结党而流放岭南，后来杨广继位，因爱惜薛道衡的才华，便召他回京做官，薛道衡回到京师后，给杨广献了一篇歌颂隋文帝功绩的《高祖文皇帝颂》，被杨广认为是在借赞美先帝来讽刺新君，对薛道衡十分不满。

《隋唐嘉话》中记载了隋炀帝在与群臣的一次聚会上，以"泥"字押韵作诗，众大臣正为隋炀帝的诗作叫好之际，薛道衡不合时宜地作了一首《昔昔盐》，其中"暗牖悬蛛网，空梁落燕泥"一句，令众大臣惊叹不已，大大盖过了隋炀帝的风头。后来，朝臣们在一起讨论政令，薛道衡说了一句："如果高颖还活着，新法令早就推行很久了。"这句话被传到隋炀帝耳中，隋炀帝本就痛恨高颖，一听说薛道衡还在怀念高颖，就下令拘捕薛道衡，不久，薛道衡被赐自尽。隋炀帝在薛道衡死后还说："更能作'空梁落燕泥'否？"

古语云："木秀于林，风必摧之。"俗话"人怕出名猪怕壮"说的也是这个道理。深藏不露的人，他们表面上看来像是庸才，胸无大志，实际上只是他们不肯在言语上露锋芒，在行动上露锋芒而已。因为他们有所顾忌，言语露锋芒，便要得罪旁人。得罪旁人，旁人便成为阻力，成为破坏者；行动露锋芒，便要惹旁人的妒忌，旁人妒忌，也会成为阻力，成为破坏者。表现本领的机会不怕没有，只怕把握不牢，只怕做出的成绩不能使人满意。

当然，深藏不露的"藏"也是为了"露"，在时机成熟时，要毫不含糊地表现自己。就像战国时期的毛遂向平原君自荐时说的："吾乃囊中之锥，未曾露锋芒，今日得出囊中，方能脱颖而出。"战国时期，秦国大军攻打赵都邯郸，赵孝成王命平原君赵胜去楚国求救。平原君打算带二十名文武兼备的人跟他同行。他手下虽有三千门客，但挑来挑去只挑中了十九人。这时，坐在末位的门客毛遂站了起来，向平原君自荐同行，他说的就是上述一番话。平原君于是答应他同去。来到楚国，平原君跟楚王谈合纵的事，毛遂和其他十九个门客都在台阶下等着。从早晨一直到中午，平原君也没有说服楚王。毛遂于是带着宝剑快步上了台阶，说："当年楚怀王当了秦国的俘虏，死在秦国，这是楚国最大的耻辱。秦将白起只带几万人就夺了郢都，逼得大王迁都，这些就连我们赵国人也替你们感到羞耻。今天我主人跟大王来商量合纵抗秦，既是为了赵国，也是为了楚国。"毛遂这番话像锥子一样，句句戳在楚王的心上。于是，楚王与平原君当场歃血结盟。随后，楚王派大军奔赴赵国救援。平原君回赵后，待毛遂为上宾，很感慨地说："毛先生一到楚国，楚王就不敢小看赵国了。"

虽然俗话说"是金子总会发光"，但把握机遇的能力也很重要，一旦机会来临，千万不要错过。真人不露相，这是千真万确的。但永远都不露相的，肯定不是真人。

3. 把握好分寸，合理看待利益

《鬼谷子》中说："其摩者，有以平，有以正；有以喜，有

【原文】

其摩者，有以平，有以正；有以喜，有以怒；有以名，有以行；有以廉，有以信；有以利，有以卑。

【译文】

"摩"有多种方式，有的靠平和，有的靠正义；有的靠取悦，有的靠愤怒；有的靠名望，有的靠行为；有的靠廉洁，有的靠信义；有的靠利益，有的靠谦卑。

【原文】

平者，静也。正者，直也。喜者，悦也。怒者，动也。名者，发也。行者，成也。廉者，洁也。信者，期也。利者，求也。卑者，谄也。故圣人所以独用者，众人皆有之；然无成功者，其用之非也。

【译文】

运用不同的方式，有不同的目的：靠平和是使其冷静思考；靠正义是晓之以理；靠取悦是为了麻痹对方；靠愤怒是为了震动对方；靠名望是为了威吓对方；靠行为推动是为了成功；靠廉洁是为了清白；靠信义是为了使对方明智；靠利益是为了诱惑对方；靠谦卑是为了满足对方的虚荣心。总之，圣人所施用的"摩"术，平常人都可以使用，然而没有运用成功的，是因为他们运用不当。

以怒；有以名，有以行；有以廉，有以信；有以利，有以卑。平者，静也。正者，直也。喜者，悦也。怒者，动也。名者，发也。行者，成也。廉者，洁也。信者，期也。利者，求也。卑者，谄也。故圣人所以独用者，众人皆有之；然无成功者，其用之非也。"其大意是，"摩"有多种方式，有的靠平和，有的靠正义；有的靠取悦，有的靠愤怒；有的靠名望，有的靠行为；有的靠廉洁，有的靠信义；有的靠利益，有的靠谦卑。运用不同的方式，有不同的目的：靠平和是使其冷静思考；靠正义是晓之以理；靠取悦是为了麻痹对方；靠愤怒是为了震动对方；靠名望是为了威吓对方；靠行为推动是为了成功；靠廉洁是为了清白；靠信义是为了使对方明智；靠利益是为了诱惑对方；靠谦卑是为了满足对方的虚荣心。总之，圣人所施用的"摩"术，平常人都可以使用，然而没有运用成功的，是因为他们运用不当。

要想在竞争中获得胜利，一定要有策略。根据目标的不同，采取的手段也各不相同。主要的问题在于，你的手段是否有效，是否能打动你想打动的人？鬼谷子在这里提出了各种不同的策略，或者称之为"情感攻势"，对我们颇有借鉴意义。

东汉末年，群雄并起。时年孙策十七岁，他继承父志，势力逐渐强大。公元199年，孙策欲向北推进，准备夺取卢江郡。但占据卢江的军阀刘勋势力强大，孙策认为强攻很难取胜，便派人给刘勋送去一份厚礼，并在信中把刘勋大肆吹捧了一番。孙策以弱者的身份向刘勋求救，说上缭经常派兵侵扰，我们实力弱，不能远征，请求将军发兵降服上缭。刘勋见孙策极力讨好他，万分得意。上缭一带十分富庶，刘勋早想夺取，今见孙策软弱无能，免去了后顾之忧，因此决定发兵上缭。部将刘晔极力劝阻，刘勋哪里听得进去。而孙策则时刻监视着刘勋的行动，见刘勋亲率几万兵马去攻上缭，城内空虚，心中大喜，立即率领人马，水陆并进，袭击卢江，几乎没遇到抵抗，就十分顺利地控制了卢江。此时刘勋猛攻上缭，一直不能取胜，突然得报孙策已取卢江，才知中计，后悔已经来不及，只得灰溜溜地投奔曹操。

利益就是需求。当利益摆在你面前的时候，不要盲目地去争夺，有时候利益与陷阱并存。而掌握好利益的分寸另辟蹊径的做法，有可能帮助你获得意想不到的成功。

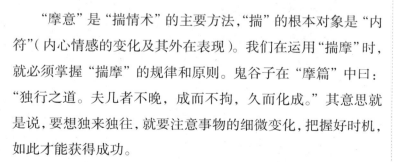

4. 从别人忽略处谋划

"摩意"是"揣情术"的主要方法，"揣"的根本对象是"内符"（内心情感的变化及其外在表现）。我们在运用"揣摩"时，就必须掌握"揣摩"的规律和原则。鬼谷子在"摩篇"中曰："独行之道。夫几者不晚，成而不拘，久而化成。"其意思就是说，要想独来独往，就要注意事物的细微变化，把握好时机，如此才能获得成功。

那么，从别人忽略处谋划，就要求人们善于揣摩情形，采取合理的行动。这就需要具有独辟蹊径的智慧。

而今，当一种热门事物流行时，追逐、跟风恰如雨后春笋一般。其实，追逐、跟风，看起来是轻车熟路，便捷省事，但就谋事而言，由于是沿袭的翻版，也就绝对谈不上高明。高明的谋划、精妙的手笔，往往在别人不经意之中做出文章。在别人忽略之处，采撷到成功的硕果。即能从别人绝望的地方起航，驶向别人忽略的地方。

华尔道夫酒店的那些优雅的大房间里曾住过许多皇族，当别人打电话找"国王"时，华尔道夫酒店的电话接线生一定会问："请问找哪一位国王？"但是这家酒店破产了。1942年，华尔道夫酒店的股票暴跌，希尔顿决定买下华尔道夫酒店。当他把这个决定向希尔顿董事会宣布的时候，有人惊叫起来："你是不是疯了！花钱去买这个赔大钱的累赘？"

然而希尔顿向来相信自己的商业直觉和眼光，他说："如果你仅仅看到它现在的艰难处境，而不能看得更远一点，那只能说明你是一个商业上的短视者。"但是无论他怎样反复阐述自己的意见，希尔顿理事会的理事们都不能理解他，他们

不相信华尔道夫这个落魄到如此境地的酒店还会东山再起。身为希尔顿酒店的董事长，没有理事们的同意，他也不能以公司的名义买下华尔道夫酒店。

　　然而希尔顿并没有因此而退却，因为他相信拥有这样一家旅馆，将会给他带来巨大的价值。他想："我可以像20世纪30年代得克萨斯州西斯柯那样自己买下来，然后把我的看法再推销给那些能够接受我意见的人。"于是，他开始行动了。他首先打电话给华尔街上拥有华尔道夫酒店股票的老大。当天下午，他走进那位老大的办公室，要买下249042股——这是控制股的数目，并给他一张10万美元的支票作为押金。

　　华尔道夫酒店的股东们正为手里一大把廉价的股票抛不出去而大伤脑筋，如今听说希尔顿要以12元一股的高价收购，他们欣喜若狂——终于可以甩掉这个"烂包袱"了……几天后，华尔道夫酒店便改名为"希尔顿"。以后华尔道夫酒店究竟给希尔顿带来了多少荣誉和财富，不用去揣测，看看希尔顿头上那顶"世界酒店大王"的桂冠便再清楚不过了。

　　希尔顿一生中最重要的成就——在酒店业方面，买到了华尔道夫酒店。如果没有希尔顿高瞻远瞩的眼光和正确的决策，华尔道夫酒店的辉煌也许只是一小段鲜为人知的历史。

　　从别人忽略处谋划行动，是一种极高的智慧，它能使你在从容之中定夺胜券。这正是对《摩篇》中"独行之道。夫几者不晚，成而不拘，久而化成"这一智慧的妙用。

【原文】

　　故曰：摩之以其类，焉有不相应者；乃摩之以其欲，焉有不听者。故曰：独行之道。夫几者不晚，成而不拘，久而化成。

【译文】

　　所以说，按照事物的不同特性来实施"摩意"之术，哪有不响应的呢？根据被游说者的喜好而施行"摩意"之术，哪有一个不听从游说的呢？要想独来独往，就要注意事物的细微变化，把握好时机，有成绩也不停止，天长日久，就一定能化育天下，最后取得成功。

说者，说之也；说之者，资之也。饰言者，假之也；假之者，益损也。应对者，利辞也；利辞者，轻论也。成义者，明之也；明之者，符验也。难言者，却论也；却论者，钓几也。

【译文】

"游说"，就是说服别人；要能说服别人，就要给人以帮助。凡是经过修饰的言辞，都是借以达到某种目的；凡是被借用的东西，都既有好处，也有害处。凡要进行应酬和答对，必须掌握伶俐的外交辞令。凡是伶俐的外交辞令，都是不实在的言论。要树立起信誉，就要光明正大；光明正大，就是为了让人检验复核。凡是难以启齿的话，都是反面的议论；凡是反面的议论，都是诱导对方说出秘密的说辞。

权篇第九
善于权衡，巧于施言

"权"者，是度量权衡的意思，这是游说活动的根本方法之一。在本篇中，《鬼谷子》全面阐释了"权"术的原则和方法。他认为，对游说对象的度量是游说之本。通过对方的言谈，可权衡出对方的智能、品性和欲望，找出其弱点作为游说的突破口，以实现自己的游说意图。要做到这一点并不容易，游说者不但要耳聪目明、智慧超人，还要具有杰出的语言表达能力。

1. 不要被表面的情形所迷惑

《鬼谷子》中说："说者，说之也；说之者，资之也。饰言者，假之也；假之者，益损也。"这从一定程度告诉我们，在这个世界上，没有绝对的事物，任何事物皆具有两面性，任何事物之间都是相互联系的，绝对不会孤立地存在。这需要我们善于培养分析和权衡的能力。

同一事物有时往往会以不同的面目呈现在你的面前，关键要看你怎样去认识。天堂或许就在地狱的隔壁，苦难也许就是一笔可观的财富，一件事情表面上看是祸，其实换一个角度就变成了福。

　　古时，边塞一个叫塞翁的老人不小心丢了一匹马，邻居们都认为是件坏事，替他惋惜。塞翁却说："你们怎么知道这不是件好事呢？"众人听了哈哈大笑，认为塞翁丢马后急疯了。几天以后，塞翁丢的马不但自己跑了回来，还带回来一群马。邻居们知道后都非常羡慕，纷纷前来祝贺这件从天而降的喜事。塞翁却板着脸说："你们怎么知道这不是件坏事呢？"大家听了又哈哈大笑，都认为塞翁是被好事乐疯了，连好事坏事都分不出来。果然不出所料，过了几天，塞翁的儿子骑新来的马去玩，一不小心把腿摔断了。众人都劝塞翁不要太难过，塞翁却笑着说："你们怎么知道这不是件好事呢？"邻居们都糊涂了，不知塞翁是什么意思。事过不久，发生战争，所有身体好的年轻人都被拉去当了兵，派到危险的前线去打仗，而塞翁的儿子因为腿摔断了未被征用，在家乡过着安定的生活。

【原文】

　　佞言者，谄而于忠；谀言者，博而于智；平言者，决而于勇；戚言者，权而于信；静言者，反而于胜。

【译文】

　　说奸佞话的人，由于会谄媚，反而变成"忠厚"；说阿谀话的人，由于会吹嘘，反而变成"智慧"；说平庸话的人，由于果决，反而变成"勇敢"；说忧伤话的人，由于善权衡而变成"守信"；说平静话的人，则习惯于逆向思维，反而变成"胜利"。

　　我们可以从这个故事中看出，即使是一件吃亏的事，如果换一个角度去思考，没准会变成一件意想不到的好事。生活中这样的事情非常普遍。因此，我们一定要擦亮自己的眼睛，仔细观察和分析，小心求证，理性对待看似吃亏的事，可能是一个获得更大利益的前提和资本。

　　生活中的聪明人善于从吃亏中学到智慧。"吃亏是福"也是一种哲理，其前提有两个：一个是"知足"，另一个就是"安分"。"知足"则会对一切都感到满意，对所得到的一切充满感激之情；"安分"则使人从来不奢望那些根本就不可能得到或者根本就不存在的东西。没有妄想，也就不会有邪念。表面上看来，"吃亏是福"以及"知足""安分"有不思进取之嫌，但是，这些思想确实能够教导人做一个对自己有清醒认识的人。

　　人非圣贤，谁都无法抛开七情六欲，但是，要成就大业，在选择面前，就得分清轻重缓急，放眼长远，把握事物本质的发展方向。我国历史上刘邦与项羽在称雄争霸、建立功业上就表现出了不同的态度，最终也得到了不同的结局。苏东坡在评判楚汉之争时就说，项羽之所以会败，就因为他不能忍，不愿意吃亏，白白浪费自己百战百胜的勇猛；

汉高祖刘邦之所以能胜，就在于他能忍，懂得吃亏，养精蓄锐，

等待时机，直攻项羽弊端，最后夺取胜利。

项羽和刘邦平日的为人处世之不同自不待说，楚汉战争中，刘邦的实力远不如项羽，当项羽听说刘邦已先入关时，怒火冲天，决心要将刘邦的兵力消灭。当时项羽40万兵马驻扎在鸿门，刘邦10万兵马驻扎在灞上，双方只隔40里，兵力悬殊，刘邦危在旦夕。在这种情况下，刘邦先是请张良陪同去见项羽的叔叔项伯，再三表示自己没有反对项羽的意思，并与之结成儿女亲家，请项伯在项羽面前说句好话。然后，第二天一早，刘邦又带着随从、拿着礼物到鸿门去拜见项羽，低声下气地赔礼道歉，化解了项羽的怨气，缓和了他们之间的关系。表面上看，刘邦忍气吞声，项羽赚足了面子，实际上刘邦以小忍换来自己和军队的安全，赢得了发展和壮大力量的时间。刘邦对不利条件的隐忍，面对暂时失利的坚韧不拔，反映了他对敌斗争的谋略，也体现了他巨大的心理承受能力。

刘邦正是把眼光放远，虽然吃了一些眼前亏，却赢得了最后的胜利。有人说刘邦是一忍得天下，相信这种智慧不是有勇无谋的人可以修炼成的。

这就是《鬼谷子》告诉我们的道理，看事情不能只停留在表象，要善于权衡和深入分析问题。不怕吃眼前的亏，因为从另外的角度看，吃亏往往是福。

2. 学会控制情绪，利用情绪

中国古代人讲究修身养性，而修身养性的一项重要内容就是善于控制自己的情绪。特别在与人交往中，这一点是至关重要的。在这里，鬼谷子简单列出了病言、怨言、忧言、怒言、喜言五种情绪化的语言，就是要告诉我们在与人交往的过程中不要使用这五种语言。试想，谁愿意与一个喜怒无常的人交往？谁又愿意与一个总是愁眉紧锁的人交谈？

古时候，一位大臣受国王派遣，到外国采购本国没有的物品。大臣来到一个国家，听到市场上有一位老者在叫卖"智慧"，感觉新奇，便将五百两银子付给老者，要买智慧，老者对他说："长虑谛思惟，不当卒行怒，今日虽不用，会当有用时。"大臣办完公务，星夜回家，怕惊醒妻子，悄悄进屋，不料在微弱的月光下，隐约看到床边有两双鞋，于是怀疑妻子不忠，顿起杀心，一把拔出了佩刀。这时，他突然想起自己带回的智慧之言，不觉念叨起来。声音惊醒了屋中人，"儿子回来了！儿子回来了！"床上之人喊道。原来是大臣的妻子生病，母亲前来照看。明白情形的大臣，不觉大喊："这智慧果真便宜！"试想，如果大臣没有及时克制自己的怒火，岂不要发生一场人间惨剧？

与人交往最忌一个"怒"字，动不动就发脾气，终会害了自己。容忍心中的怨气确实不太容易，但只要遇事多思虑一下，又怎能让一时之气冲昏头脑呢？

现实生活中，学生、下级、晚辈犯了错，作为师长、上级、长辈的一生气，就会不分青红皂白地训斥一番，有时确实可以奏效，但更多的时候是无济于事的，只会适得其反，因此要把握好这个度。

辛亥革命中的著名烈士徐锡麟，早年曾担任绍兴府中学堂的副校长。有一次，一位衣冠华丽的学生偷了同学的东西，被人暗中告到徐锡麟那里。徐锡麟勃然大怒，真想立即开大

【原文】

先意承欲者，谄也；繁称文辞者，博也；策选进谋者，权也；纵舍不疑者，决也；他分不足以窒非者，反也。

【译文】

为实现自己的意图而迎合他人欲望的，就是谄媚；用很多美丽的词语去奉承他人，就是吹嘘；根据他人喜好而进献计谋的人，就是玩权术；即使有所牺牲也不动摇的人，就是有决心；能揭示缺陷，敢于责难过失的人，就是敢反抗。

会公开批评偷东西的学生。但他很快冷静下来，自己先消了气，然后把这个学生叫到了办公室。徐锡麟平静地问："你知道我为什么叫你来吗？"学生满不在乎地答道："我不知道。"徐锡麟盯着他，说："我要通知你，我已经抓到了一个小偷。"话音刚落，学生脸色突变，但还是故作镇静地问："小偷在哪？"这时，徐锡麟递给他一面镜子，表情严肃地说："看，小偷就在镜子里，你仔细照照他吧，先照照外貌，再照照灵魂。"这个学生接过镜子，万分羞愧地低下了头。徐锡麟这才开始语重心长地教育起这个学生来。最后，这位犯了错误的学生流下了悔恨的泪水，表示要改过自新。

徐锡麟用镜子来教育犯了错误的学生，收到了很好的效果。也幸亏他及时克制了自己的怒气，才想出这么高明的办法。

《鬼谷子》教导我们："精则用之，利则行之。"意思是说，有时候为了说服人，也要善于利用自己的情绪。但是，情绪是不好控制的，只有确保在能控制的情况下才可以尝试。真正的人际交往高手，常常将情绪作为工具，以达到自身目的。

修身养性最重要的就是要善于控制情绪，当然，除此以外，在可控制的范围内，我们还要善于利用情绪，这同样是人际交往中的一个重要原则。

3. 善于措辞，语气恰当

《鬼谷子》中所说的佞言、谀言，其实就是奉承话。自古以来，对于喜欢说奉承话的谄媚之徒，人们一般都比较反感。

宋朝时，中书省的官员们在一起吃饭。宰相寇准的胡须上沾了一些汤汁，参知政事丁渭赶紧起身为寇准擦拭胡须上的汤渍，寇准戏谑地说："参政是国家的大臣，怎能为上司拭胡子呢？"丁渭不禁羞愧万分。

然而，有一种话和奉承话相似，那就是赞美的话。赞美与奉承的区别在于奉承话总是缺乏根据，让人一听就大倒胃口。因此，喜欢说奉承话的人往往被称为"马屁精"。赞美则立身于"有其事"，而且往往是出于善意的。赞美的语言永远是人际关系的润滑剂。在现代紧张枯燥的生活中，赞美的语言可以缓解一个人紧张的神经，给生活带去一份美丽；奉承话则会使人生厌。赞美的话让人自信，而如何来讲，就要看自己的把握了。

罗杰斯是某皮革公司的销售经理。一次，他向客户介绍完他们的一种新产品后，微笑着问客户："您认为我们公司的产品如何？""啊，我非常喜欢，但是我猜您接下来会说它非常贵，我得为它付出一个非常荒谬的价格，在您之前我就听说过。""请您告诉我，"罗杰斯微笑着说，"看来您是一个非常有贸易经验的人，而且懂得皮革和兽皮。您猜猜它的成本是多少？"那人受到赞美，回答说他认为可能是45美分一码。"您说得对。"罗杰斯用惊奇的眼光看着他说，"我不知道您是

【原文】

故口者，机关也；所以关闭情意也。耳目者，心之佐助也；所以窥间见奸邪。故曰：参调而应，利道而动。故繁言而不乱，翱翔而不迷，变易而不危者，观要得理。

【译文】

人的嘴是关键，是用来打开和关闭感情和心意的。耳朵和眼睛是心灵的辅佐和助手，是用来侦察奸邪的器官。只要心、眼、耳三者协调呼应，就能沿着有利的轨道运动。使用一些烦琐的语言也不会发生混乱；自由驰骋地议论也不会迷失方向；改变论辩主题也不会发生失利的危险。这就是因为看清了事物的要领，把握了事物的规律。

怎样猜到的。"结果，罗杰斯以 45 美分一码的价格获得了他的订货单，双方对最后的成交都很满意。而罗杰斯绝不会告诉他的客户，公司最初给产品的定价是 39 美分一码。

　　在生意场上，赞美的话有说不尽的妙用。在销售产品的过程中，适当地赞美别人，提升别人的自豪感，就可能做成生意。罗杰斯的故事就证明了这一点。

　　日本古都奈良是著名的旅游城市，每年一到春夏两季，观光客就如潮水般涌来。奈良的春天，一过四月份，就有大量燕子从南方飞来，争相在旅馆的檐下筑窝栖息，繁衍后代。可是，燕子有随便排泄的习惯，尽管服务员们不停地擦洗，但总会使旅馆留下污渍。于是，房客们对此纷纷抱怨。这家

旅馆的公关小姐灵机一动,她以燕子的名义给房客们写了一封信,并广为张贴和宣传。这封信是这样写的:

女士们、先生们:

我们是刚从南方赶到这儿过春天的小燕子,没有征得您的同意,就在您的窗前安了家。我们的小宝贝年幼不懂事,我们的习惯也不好,经常弄脏您的玻璃窗和走廊,致使您很不愉快。我们为此很过意不去,请您多多原谅。

还有一件事恳求您的谅解。请您千万不要埋怨服务员小姐,她们是经常擦洗的,只是擦不胜擦,这完全是我们的过错。请您稍等一会儿,她们很快就会来擦洗。

您的朋友:小燕子

旅馆的房客们见到这封妙趣横生的信,明白了事情的原委,心里的怨气顿时消散了。这家旅馆的公关小姐巧借小燕子的名义,以温柔的语气代旅馆向房客们道歉,收到了良好的效果,避免了一场效益危机。

在现代商业社会中,为了争取更大的利益或避免更大的损失,有时难免发生一场唇枪舌剑。善于措辞的人,无疑会占据先机。

谋篇第十
足智多谋，妙计制胜

本篇是紧承上篇"权术"而来的，是其姊妹篇。"权"是"权衡"，"谋"是"计谋"。本篇集中讨论了计谋在游说中的实际意义及具体运用。简单地说，谋术就是动用一切手段，调动任何可以利用的资源，以达到预期目的。鬼谷子认为，谋术有两个重要原则：一是要立足实际，即所谓"谋生于事"，因此在设置计谋之前，必须详细掌握事情的真相和规则，并处理好"奇"与"正"的关系；二是要行事隐蔽，即所谓"圣人之道，在隐与匿"，智者用计无不追求隐而不露，只有愚人才会将所谋之事大肆张扬。

1. 以逆向思维出奇制胜

《鬼谷子》中说："凡谋有道，必得其所因，以求其情。审得其情，乃立三仪。三仪者，曰上、曰中、曰下。参以立焉，以生奇。奇不知其所壅，始于古之所从。故郑人之取玉也，必载司南之车，为其不惑也。夫度材、量能、揣情者，亦事之司南也。"这段话的大意是，凡为人谋事都有一定规律，首

【原文】

凡谋有道，必得其所因，以求其情。审得其情，乃立三仪。三仪者，曰上、曰中、曰下。参以立焉，以生奇；奇不知其所壅，始于古之所从。

【译文】

凡为人谋事都有一定规律，首先必须查明事情的原委，以探得实情。审慎考核实情，然后确立"三仪"，即上、中、下三种策略。此三者互相参验，通过分析论证，就能定出奇谋。这样产生的奇谋所向无阻，自古以来便是如此。

【原文】

故郑人之取玉也，载司南之车，为其不惑也。夫度材、量能、揣情者，亦事之司南也。

【译文】

所以，郑国人入山采玉，必乘有司南针的车，为的是不迷失方向。为人谋事，一定要考量其才干、能力，揣测其实情，这是为人谋事不可或缺的指南。

【原文】

故同情而相亲者，其俱成者也；同欲而相疏者，其偏害者也。同恶而相亲者，其俱害者也；同恶而相疏者，偏害者也。

【译文】

凡志趣相投的人联合谋事，事成后若双方都能得利，感情定会亲密；若仅一方得利，感情定会疏远。凡有共同憎恶的人联合谋事，若是同受其害，感情定会亲密；若仅一方受害，感情定会疏远。

先必须查明事情的原委，以探得实情。审慎考核实情，然后确立"三仪"，即上、中、下三种策略。此三者互相参验，通过分析论证，就能定出奇谋。这样产生的奇谋所向无阻，自古以来便是如此。所以，郑国人入山采玉，必乘有司南针的车，为的是不迷失方向。为人谋事，一定要考量其才干、能力，揣测其实情，这是为人谋事不可或缺的指南。

楚汉争霸之际，韩信背水一战大破赵军。在庆祝胜利的

时候，将领们问韩信："兵法上说，列阵时应该背靠山，阵前可以临水泽，现在你让我们背靠水排阵，结果竟然取胜了，这是一种什么策略呢？"韩信笑着说："这也是兵法上有的，只是你们没有注意到罢了。兵法上不是说'陷之死地而后生，置之亡地而后存'吗？如果是有退路的地方，士兵早都逃散了，怎么能指望他们拼命呢？"

韩信精通兵法，但不囿于兵法，而是充分领会兵法之精华，将其融会贯通，最终取得出奇制胜的效果。

在商业上，面对困难时同样需要从容应战，用自己最大的实力去取得成功。

日本西铁城表在进入澳大利亚市场的过程中，就使出了闻所未闻的招数，收到奇效。西铁城表质量优良，属于世界名牌，刚进入澳大利亚市场时却遭到了冷眼，因为澳大利亚人对西铁城表几乎一无所知。西铁城钟表商为了让澳大利亚人了解西铁城表，提高西铁城表的知名度，想出了一个绝妙的办法。他们首先在大众传媒上广泛宣传：某日将有世界上最精美的手表从天而降，谁拾到就归谁。好事者怀着侥幸心理在这天来到指定的广场。预定的时间一到，果然有一架飞机出现在上空，不一会儿，一只只晶光闪亮的手表从天而降。广场上的人兴奋地拾起掉在地上的西铁城表，发现这些表居然完好无损。从此，西铁城表在澳大利亚声名大振，一个广阔的市场就这样被打开了。

现实生活中，我们按照惯常的思路去想问题、办事情，由于绝大多数人都是这样做的，所以我们并不感到有变化的必要，也并不觉得这样做有什么不好。可是当遇到困难时，我们用常规的办法解决不了，而另一些人却用反常规的办法巧妙而有效地解决了。所以，遇到问题的时候不要慌张，准备妥当，从容应战，将有意想不到的收获。

2. 求同存异，善于寻求共同点

《鬼谷子》中说：在为人谋事时，一定要考察彼此在各方面的异同，否则就会有害于双方。

【原文】

故变生事，事生谋，谋生计，计生仪，仪生说，说生进，进生退，退生制，因以制于事。故百事一道，而百度一数也。

【译文】

因此，社会不断变化，必然要滋生事端；要解决事端，便需要有人出来谋划；只有经过谋划，才能产生计策；计策提出后，一定会引起争议；争议出现了，一定要有人出来说服；说服了决策者，计策才能得到实施；实施计策成功后，要适当退却；退却到有利位置，是为了掌握主动，以达到控制事态的目的。无论所谋何事，都要遵循上述规则，使事态朝着有利于我们的方向发展。

故相益则亲，相损则疏，其数行也；此所以察异同之分也，其类一也。故墙坏于其隙，木毁于其节，斯盖其分也。

【译文】

所以说，凡相互都能受益，感情定会亲密；凡相互受到损害，感情定会疏远。这是矛盾运行的必然规律。所以在为人谋事时，一定要考察彼此在各方面的异同。比如，墙壁都是由于有裂隙才倒塌，树木都是由于有节疤才毁断。人与人之间若有分歧，就可能导致分裂。这就是事物的一般规律。

一则寓言中说，青蛙爱上了老鼠，它想时时刻刻都和老鼠在一起。于是，它把老鼠的脚和自己的脚绑在了一起。刚开始，它们在地面上行走正常，还能吃到谷子。可后来，当它们来到池塘边时，青蛙一下就跳进了水里，把老鼠也拖下了水。青蛙在水里玩得高兴，而可怜的老鼠不会游泳，被淹死了。最后，老鼠的尸体浮上水面，它的脚仍然和青蛙绑在一起。一只老鹰发现了老鼠，便冲向水面，抓起老鼠。而青蛙也跟着被提出水面，成了老鹰的美食。不恰当的合作，就像这则寓言中的青蛙和老鼠，只会给双方带来损失。

孔子说："道不同，不相为谋。"意思即为志向不同，不能一起谋划共事。真正默契的合作，应该建立在共同的思想基础和奋斗目标上，一起追求，一起进步。如果没有内在精神的默契，只有表面上的亲热，这样的朋友是无法真正沟通和相互理解的，也就失去了做朋友的意义。

管宁和华歆是三国时代的两位名士，他们年轻时曾是非常要好的朋友。有一次，两人一同在菜园里锄地，从土里刨出一块金子，管宁照旧挥动锄头，继续劳动，跟锄掉瓦石一样。而华歆却把金子拿在手里，把玩了一会儿才扔出去。还有一次，两人同坐在一张席子上读书，此时有人乘着华丽的车辆从门前经过，管宁照旧读书，而华歆却放下书本出去观望。于是管宁割开席子，分开座位，说："你不是我的朋友！"这就是"割席断交"的典故。

即便是利益一致的合作者，也难免出现意见分歧，分歧进而转化为矛盾，甚至是互相攻击，结果难免"两败俱伤"。静下心来想想，这又何必呢？有时候，不必非用强硬的手段要求别人与自己步调一致，换种态度，彼此都礼让三分，事情就会顺利解决。合作各方之间遇到矛盾，不要先找不同，而应先寻求共同点，只有寻求到共同点，才能找到解决问题的办法。尊重多元化、异中求同，这才是促进社会进步和人类发展的正确方法。

3. 结而无隙，朋友间的团结最重要

《鬼谷子》中的"结而无隙"，是说朋友之间要团结一致，防止出现不必要的隔阂，否则就可能导致事业不顺，给双方都带来危机。

战国时候，蔺相如代表赵王出使秦国，完成了"完璧归赵"的壮举，又在渑池会上维护了赵国的荣誉，立下大功，被赵王任命为上卿，职位比大将廉颇还要高。廉颇很不服气，私下对自己的门客说："蔺相如爬到我头上来了。哼！我要给他点颜色看看。"

一天，蔺相如坐车出门，瞧见廉颇的车马迎面过来，就叫车夫退到小巷里，让廉颇的车马先过去。蔺相如手下的门客气坏了，觉得蔺相如太懦弱，纷纷要求离开。蔺相如挽留他们，说："你们说，秦王和廉将军谁更威风？"门客表示当然是秦王更威风。蔺相如接着说："秦王那么威风，我都敢当面指责他，我又怎么会怕廉将军呢？我是怕我们两人不和，秦国就会来攻打我们。"廉颇听到后，感到十分惭愧。他光着上身，背上绑着荆条，到蔺相如家请罪。蔺相如连忙扶起廉颇，两人从此结为生死之交。

这则"将相和"的故事传颂千古。蔺相如面对不可一世

【原文】

计谋之用，公不如私，私不如结，结比而无隙者也。正不如奇，奇流而不止者也。故说人主者，必与之言奇；说人臣者，必与之言私。其身内，其言外者，疏；其身外，其言身者，危。

【译文】

至于计谋的运用，公开不如保密，保密不如结党，结成的党内是没有裂痕的。正规策略不如奇策，奇策实行起来可以无往不胜。所以向君主进行游说时，必须与他谈论奇策。同样的道理，向人臣进行游说时，必须与他谈论私情。虽然是自己人，却说有利于外人的话，就要被疏远；如果是外人，却知道太多内情，就会有危险。

【原文】

无以人之所不欲而强之于人，无以人之所不知而教之于人。人之有好也，学而顺之；反之。

【译文】

不要拿别人不想要的东西来强迫人家接受，不要拿别人不了解的事去向别人说教。如果对方有某种嗜好，就要仿效以迎合他的兴趣；如果对方厌恶什么，就要加以避讳，以免引起反感。

【原文】

故去之者，从之；从之者，乘之。貌者不美又不恶，故至情托焉。

【译文】

想要除掉的人，就要放纵他，任其胡为，待其留下把柄时就乘机一举除掉他。无论遇到什么事情，既不喜形于色也不怒目相待的人，是感情深藏的人，可以托之以机密大事。

的秦王，仗义执言，毫无惧色；而面对盛气凌人的廉颇，则为顾全大局，理智地选择了忍让。因为他清楚地知道，盟友间的不和，就会给敌人制造可乘之机，给自己招来杀身之祸。当然，老将廉颇先矜后悔，"负荆请罪"，其胸怀之坦荡同样令人敬仰。如果天下的同盟者都有蔺、廉二人这样的胸怀，又何愁不能同舟共济，共创一片天地？

荀子说："蓬生麻中，不扶而直；白沙在涅，与之俱黑。"就说明了朋友的影响是十分巨大的。因此，交朋友时，除了自身保持中正之外，还要注意所交朋友的人品，以防所交非人，对自身造成某些潜移默化的不良影响，进而影响以后人生道路的选择。

选择朋友，也就是选择自己未来的人生！选择"益友"，就选择了人生路上可以为你遮蔽风雨和歇脚的驿站；选择"损友"，就选择了人生路上可能落井下石的小人。孔子说："君子喻于义，小人喻于利。"意思就是说看重道义的就是有益的朋友，只重视利益的就是有害的损友。选择朋友的时候不妨以此为参考的标准，在遇到事情的时候，注意观察，就可知道所谓的朋友是"益友"还是"损友"了。

有两个朋友一起赶路，其中一个人拾到了一把斧头。另一个人对他说："我们拾到了一把斧子。"那人回答说："不是'我们拾到了'，而是'我拾到了'。"过了一会儿，斧头的主人追上了他们，要回了斧头。拾到斧子的人对同伴说："唉，我们完了。"另一个人说："你不要说'我们完了'，而要说'我完了'，因为你一开始就没有把斧子当成我们共同的东西呀。"可见，为了利益而不顾朋友的人，在困难的时候也会被朋友抛弃。

如果是不同的集团结成联盟，就更需要加强团结，否则就难以发挥联盟的力量。

春秋时期，诸侯割据。随着秦国的日渐强大，联合抗秦成为各国唯一的选择。有一年，晋将荀偃为统帅，率领鲁、齐、卫、郑等国联军向秦进发，在前线与秦军僵持了很长时间。荀偃见联军以众击寡艰难取胜，一时情急，没有和各国将领商议，就下达了一道命令："明天早晨鸡一叫，全军就要驾马套车，拆掉炉灶，许进不许退，唯我马首是瞻！"魏国将领栾黡听到荀偃的命令，非常反感，气愤地对手下军士说："荀偃的命令太过专权独断，根本不把我们魏国放在眼里！好，他的马头向西，我偏要向东，看他能怎样？"于是，他率领魏军回国去了。其他各国将领看到这种情况，谁都不跟荀偃进攻秦国了，全军顿时混乱起来。荀偃此时虽后悔不已，但军心已经涣散，只得沮丧地下令撤兵回国。

诸国军队合在一起，浩浩荡荡，貌似强大，但人心不齐。人心齐，泰山移。如果各怀私心，失败就成为必然。荀偃破釜沉舟的勇气值得肯定，但他忽视了人心，忽视了联盟团结合作的重要性，导致了最终的失败。

"结而无隙"四个字，教给我们一个交友的基本原则，应该成为我们每一个人的座右铭。

【原文】

可知者，可用也；不可知者，谋者所不用也。故曰：是贵制人，而不贵制于人。制人者，握权也。见制于人者，制命也。故圣人之道阴，愚人之道阳；智者事易，而不智者事难。以此观之，亡不可以为存，而危不可以为安，然而无为而贵智矣。智用于众人之所不能知，而能用于众人之所不能见。

【译文】

对于了解透彻的人，可以重用；对于还没了解透彻的人，善于谋划之人是不会用的。所以说，重要的是掌控别人，绝对不要被人家控制。控制别人，就掌握了主动权；被人家控制，命运就掌握在别人手里。所以圣人设谋献策总是隐而不露，愚人设谋献策总是大肆张扬。智者办事总是容易成功，愚人办事总是难以成功。由此观之，很难依靠愚者去救亡图存，转危为安，而依靠智者，顺乎自然，不轻举妄为，就没有做不成的事，这是最高的智慧。智慧是用在众人所不知道的地方，用在众人所看不见的地方。

【原文】

凡决物，必托于疑者。善其用福，恶其用患；善至于诱也，终无惑偏。有利焉，去其利，则不受也，奇之所托。若有利于善者，隐托于恶，则不受矣，致疏远。故其有使失利者，有使离害者，此事之失。

【译文】

凡决断事情，一定是有了疑难问题。决疑的目标是获得利益，免除祸患。高明的决疑者善于诱出利益，从无疑惑与偏差。若对方本来能获得利益，而你的决疑反使其失利，则他不会接受，除非他的委托另有隐情。如果你的决疑对他有利，其形式却令其反感，则他不会接受，而且可能疏远你。所以你的决断使其失去利益或遭到损失，都是决疑的失败。

决篇第十一
决情定疑，万事之机

在本篇中，《鬼谷子》讲述了面临危机时，采取决策的重要性和如何采取决策的一些方法。这里的"决"，指的是决疑、决断、决策。"谋"能取得什么效果，都要由"决"来决定，因此将决篇置于谋篇之后。鬼谷子提出"决情定疑，万事之机"，从谋士的角度出发，论述如何帮助统帅做出决断。"决"的形式，或是对疑点进行分析，或是对利弊进行权衡，或是对方案进行取舍，其目的都是廓清思路，以展开下一步的行动。"决"的前提是认清事物的性质，杜绝偏见，以使决断无误。一个善于决断的人，在慎重的原则之下，应当做到当机立断，绝不拖延。

1. 权衡利弊，合理决断

《决篇》是《鬼谷子》谋略的重要内容之一。所谓决，就是指决断，即能通过对事物的预测、分析、走向，做出合理的判断，以排除疑惑，果断拍板。正如《鬼谷子》所说："凡决物，必托于疑者。善其用福，恶其用患；善至于诱也，终无惑偏。"在做出决定之前，必须善于权衡利弊，整体考虑，这样才能为决断奠定科学合理的根基。可以说，"决"是成事的根基。

　　在《三国演义》中，便有很多英明决断的例子。在刘备投靠荆州刘表后，刘表长子刘琦与刘备、诸葛亮相友善。当时，刘琦被后母蔡氏所忌，面临危险，多次请教诸葛亮，但诸葛亮为试探其心，一直不肯为其谋划。一天，刘琦约诸葛亮到一座楼上饮酒，并暗中派人拆走了楼梯。刘琦说："今日上不至天，下不至地，出君之口，入琦之耳，可以赐教矣。"诸葛亮见状，就以春秋时期"申生在内而亡，重耳在外而安"的典故指点刘琦。刘琦马上领会了诸葛亮的意图，立即上表请求派往江夏防守，避开了后母，从而免遭陷害。刘琦走后不久，曹操进取荆州。荆州是三国时的重要州郡，交通发达，粮产丰富，成为当时三国的必争之地。赤壁战败，曹操只好逃离荆州。赤壁之战的胜利是孙、刘两家齐心协力的结果，刘备完全可以理直气壮地将荆州占为己有。但为了刘、孙联盟，刘备采取诸葛亮的两全之策，用一个"借"字，既获得了一块根据地，又不破坏两家的联盟。刘备长期占领荆州，并以此为根据地，向西取得了西川与汉中，为在三分天下中争得一席之地奠定了基础。这两次成功的决断，充分证明了诸葛亮的大智慧。

　　在现代的经营活动中，经营者也经常遇到需要决断的事情。善于权衡，合理决

【原文】

　　圣人所以能成其事者有五：有以阳德之者，有以阴贼之者，有以信诚之者，有以蔽匿之者，有以平素之者。

【译文】

　　圣人能够取得成功，有五种途径：有的依靠公开的仁德；有的依靠暗中的计谋；有的依靠诚实信义；有的依靠谦卑隐匿；有的依靠平素积累。

断，就能获得良好的经济效益，由此引领事业的腾飞。

奥纳西斯是闻名于世的希腊船王，他的成功主要得益于敢于决断。年轻的时候，他流落在阿根廷街头，穷困潦倒。后来经过努力，发了点财。1929年，在全世界范围内发生了经济危机，当时的阿根廷也不能幸免：工厂倒闭，工人失业，百业萧条，海上运输业也在劫难逃，首当其冲。一天，奥纳西斯听说加拿大国营铁路公司为了渡过危机，准备拍卖家当，其中有6艘货船，10年前价值200万美元，如今仅以2万美元的价格拍卖。他得到这个消息后，决定买下这6艘船。同行们对奥纳西斯的想法嗤之以鼻。是呀，从当时看来，海上运输业实在太不景气了，海运方面的生意只有经济危机之前的1/3，面对这样的状况，谁还会傻得去从事海运业呢？一些老牌的海运企业家纷纷转行。然而，奥纳西斯经过一番思考之后，果断决策，赶往加拿大，买下拍卖的船只。

人们对奥纳西斯的举动瞠目结舌。大家都觉得他太傻了，这不是把大把的钞票白白往海里扔吗？于是，有人偷偷嘲笑奥纳西斯愚蠢至极，也有人悄悄议论说奥纳西斯的精神有点问题，一些亲朋好友则规劝他不要做赔本买卖。事实上，奥纳西斯有自己的主意，他是经过缜密的思考才做出决断的。他认为经济萧条只是暂时的现象，危机一旦过去，物价就会从暴跌变为暴涨，如果趁着便宜的时候把船买下来，等价格回升的时候再卖出去，一定能够赚到可观的利润。

果然不出所料，经济危机过后，海运业迅速回升，奥纳西斯从加拿大买回来的那些船只，一夜之间身价陡增，他一跃成为海上霸主，大量财富源源不断地向他涌来，他的资产呈几十倍激增。1945年，奥纳西斯跨入希腊海运业巨头的

【原文】

阳励于一言，阴励于二言，平素枢机以用，四者微而施之。于事度之往事，验之来事，参之平素，可则决之。

【译文】

为阳谋决疑贵在说一不二，为阴谋决疑贵在留有余地。为人决疑，还要善于抓住平素和关键两种时刻。将阳谋、阴谋、平素、关键四者有机结合，然后进行决疑。决疑时应该忖度往事，预测未来的发展，再参考平素的情况，若能做出判断，可立即决断。

行列。

有人说，奥纳西斯的成功是偶然的，而真正了解他的人却不这么认为。一位和奥纳西斯很要好的经济学家评价说："这位希腊人找到了成功的钥匙：勇于决断是其谋事成功的根本原因。"还有一位经济学家说："他很会到其他人认为一无所获的地方去赚钱。"寥寥数语，道出了奥纳西斯成功的秘密。

任何人的成功都离不开精明的思考和果断的决策。当我们有了一个目标，当我们想做某件具体的事情时，权衡利弊、果敢决断是很关键的。

2. 决断贵在于心

凡决断者，必在于心。正如荀子所说："心者，形之君也，而神明之主也。"意思就是说"心"是身体的主宰，是精神的领导，它决定着人的情绪和意志。内心迸发或涌动出热情的火焰，就会有积极的思考、缜密的谋划、不懈的追求，那么，岂愁事而无动乎？

有一个法国人，42 岁了仍一事无成，他自认为简直倒霉透了：离婚、破产、失业……不知道自己的生存价值和人生的意义。他对自己非常不满，变得古怪、易怒，同时又十分脆弱。有一天，一个吉卜赛人在巴黎街头算命，他随意一试。

吉卜赛人看过他的手相之后，说：

"您是一个伟人，您很了不起！"

"什么？"他大吃一惊，"我是个伟人，你不是在开玩笑吧？"

吉卜赛人平静地说：

"您知道您是谁吗？"

"我是谁？"他暗想，"是个倒霉鬼，是个穷光蛋，我是个被生活抛弃的人！"

但他仍然故作镇静地问：

"我是谁呢？"

"您是伟人，"吉卜赛人说，"您知道吗？您是拿破仑转世！您身体里流的血、您的勇气和智慧，都是拿破仑的啊！如果先生您不相信，就不用给钱好了。不过，五年后，您将是法国最成功的人啊！因为您就是拿破仑的化身！"

他带着迟疑离开了，但心里萌发了一种从未有过的伟大感觉。他对拿破仑产生了浓厚的兴趣，回家后，就想方设法找与拿破仑有关的书籍著述来学习。渐渐地，他发现以往的一切有了许多改变，事情开始顺利起来。后来他才领悟到，其实一切都没有变，是他自己的内心变了：他的胆魄、思维模式较以前都有很大的变化。

十三年以后，也就是他五十五岁的时候，他成了亿万富翁，法国赫赫有名的成功人士。

古人说："哀莫大于心死。"又说："兵强于心而不强于力。"这些都说明一个人的内心力量是很强大的。具有良好的内心主宰，你就能激活自己奋斗的热情，从而在自信中敢谋善断。

下面这个故事便很好地说明了决断贵在于心。

两个欧洲人想到非洲去推销皮鞋。由于天气炎热，非洲人向来都是光着脚的。其中一个推销员看到非洲人都光着脚，立刻失望起来，"这些人都光着脚，怎么会要我的鞋呢？"于是放弃努力，沮丧而回；另一个推销员看到非洲人都光着脚，惊喜万分："这些人都没有皮鞋穿，这皮鞋市场大得很呢。"于是他想方设法，引导非洲人购买皮鞋，最后发了大财。

　　这就是一念之差导致的天壤之别。同样是非洲市场，同样面对光着脚的非洲人，由于一念之差，一个人灰心失望，不战而败，而另一个人满怀信心，大获全胜。可见，万事贵在于心的分量是多么巨大啊！

　　《鬼谷子》认为凡事必出于心。激活你的内心，你就容易迸发出奇妙的火花，以至于达到善于谋事决断的境界，从而跻身成功者的行列。

3. 当断不断，反受其乱

　　俗话说：当断不断，反受其乱。这句话的意思就是要求人们遇事时应该果断，不要犹豫，不要瞻前顾后，做决定时不要拖拖拉拉，否则会因此受到祸乱。这也是《鬼谷子·决篇》中所说的 "决情定疑，万事之基"的重要思想。对此，鸿门宴的故事就很好地诠释了这一点。

　　秦朝末年，刘邦与项羽各自攻打秦王朝的部队。刘邦先攻破了咸阳。但是刘邦兵力不如项羽，项羽听后大怒，派当阳君击关。

　　项羽进入咸阳之后，到达戏西，而刘邦则在灞上驻军。

刘邦的左司马曹无伤派人在项羽面前说："刘邦打算在关中称王。"当然，这里有挑唆的意思。项羽听后更加愤怒，下令次日一早让兵士饱餐一顿，击败刘邦的军队。眼看一场恶战在即。

刘邦从项羽的季父项伯口中得知此事之后，大吃一惊，刘邦两手恭恭敬敬地给项伯捧上一杯酒，祝项伯身体健康长寿，并约为亲家。刘邦这一招很厉害。刘邦的感情拉拢说服了项伯，项伯答应为他在项羽面前说情，并让刘邦次日前来答谢项羽。

鸿门宴上，虽不乏美酒佳肴，却暗藏杀机，项羽的亚父范增，一直主张杀掉刘邦，所以在酒宴上，一再示意项羽发令，可是项羽犹豫未决，默然不应，没有做出这样的反应和指令。

于是，范增让项庄舞剑为酒宴助兴，乘机杀掉刘邦。项伯为保护刘邦，也拔剑起舞，护住了刘邦。在这危急的关头，刘邦的部下樊哙带着剑、拥着盾闯入了军门，怒目直视项羽。项羽见此人气度不凡，只好问来者为何人？当得知是刘邦的参乘时，即命赐给樊哙酒，樊哙立饮而下。项羽又命令，再赐给他猪的后腿肉，问他能再饮酒吗？樊哙又吃了肉，又喝了酒。项羽再问樊哙还能喝酒吗？樊哙说："臣死且不避，一杯酒还有什么值得推辞的呢？"樊哙还乘机说了一通刘邦的好话，说得项羽无言以对。

刘邦的谋臣张良见此情景，早已看出了杀机，便示意刘邦借上厕所的机会一走了之。

之后，张良为刘邦推托说："主公不胜酒力，无法前来道别，现向大王献上白璧一双，并向大将军（范增）献上玉斗一双。"不知深浅的项羽收下了白璧，气得范增拔出剑，将玉斗砸得粉碎。这就是鸿门宴的故事。

在鸿门宴上，项羽由于优柔寡断，放走了刘邦，最终酿成兵败乌江、自刎身亡的悲剧。这是一个典型的"当断不断，反受其乱"的案例。这个历史故事告诫我们：作为领导者，遇到事情时要当断则断，不能优柔寡断，否则后果不堪设想。

【原文】

王公大人之事也，危而美名者，可则决之；不用费力而易成者，可则决之；用力犯勤苦，然不得已而为之者，可则决之；去患者，可则决之；从福者，可则决之。

【译文】

王公大人们委托决断的大事，若能为其带来美名，并且有望成功，可立即决断；无须费力而易成的事，可立即决断；虽然费力但又必须做的事，可立即决断；能为人免除祸患的事，可立即决断；能为人带来福祉的事，可立即决断。

符言第十二
顺天应人，遵规循理讲准则

【原文】

安徐正静，其被节先肉。善与而不静，虚心平意以待倾损。右主位。

【译文】

作为君主，应始终保持安详、从容、正派、冷静，对人怀柔而有度。应善于让利于人，与世无争，并始终充满危机感。以上说的是君主摆正自己位置的原则。

符，本指我国古代朝廷调兵遣将所用的特殊凭证，具有很高的权威。这里的"符言"，可引申为执政者（或身居要位的人）明察秋毫、奖惩分明必须奉行的准则。这些准则共有九条：一是位，即遵循安详、从容等原则；二是明，即对事物做充分的考察；三是听，即充分听取别人的意见；四是赏，即赏罚要讲求信用和公正；五是问，即要多方询问以免偏听偏信；六是因，即遵循天理和人情；七是周，即要周到细密；八是参，即要借助参照物以洞察幽微；九是名，即要做到名实相符。这些准则也可为现代管理者所遵循和借鉴。

1. 正确看待手中的权力

对于"权力"，每个人都有其独特的认识和理解，可谓仁者见仁、智者见智，相关的论述很多，也很复杂。我们可以设想一下，如果你掌握了很大的权力，那么如何运用呢？对于这一点，《鬼谷子》倡导的方法是：摆正自己的位置。

权力是一柄双刃剑。运用得好，可以造福于别人和自己；

运用得不好，不但对他人无益，还可能伤及自身。

有这样一个寓言：老鼠和黄鼠狼的战争，总是以老鼠的失败而告终。老鼠们在一起商量，认为它们的失败是因为没有将帅，于是它们举手表决，选出了几只老鼠做将帅。为了显示自己的与众不同，这些将帅便在自己的头上绑一个犄角。战争又开始了，老鼠又输了。别的老鼠钻进了老鼠洞，而那些将帅因为头上有犄角，卡在洞外，钻不进去，结果全部被黄鼠狼吃掉了。

那些将你拖入危险境地的东西，就是那些当初你梦想将你推向巅峰的东西。权力就是这样一种东西，就如故事中老鼠头上的犄角。

统治者若贪得无厌、目光短浅，对民众只是一味地剥削，民众就会起而反抗，甚至爆发起义。隋文帝杨坚懂得这个道理，所以他建立隋朝后，一面躬行俭朴，一面采取了许多有利于巩固政权的措施，与民休息，给民以惠。隋文帝的这些做法使社会风气得到了净化，民众的负担得以减轻，新建的隋王朝迅速得到了民众的拥护，很快就稳定下来。但是，隋炀帝杨广继承皇位后，荒淫奢华，急功近利，残酷猜忌，先后三征高丽、开凿运河、赋税繁苛，百姓怨声载道。隋炀帝为一己享受，以天下民众为己私有，对其横征暴敛，使民众不得

【原文】

心为九窍之治，君为五官之长。为善者，君与之赏；为非者，君与之罚。君因其所以求，因与之，则不劳。圣人用之，故能赏之。因之循理，故能长久。右主因。

【译文】

心是九窍的统治者，君是五官的首长。做好事的臣民，君主会给他们赏赐；做坏事的臣民，君主会给他们惩罚。君主根据臣民的政绩来任用，根据实际情况给予赏赐，这样就不会劳民伤财。圣人会重用这些臣民，因此能很好地掌控他们。遵循客观规律，所以才能长久。以上讲的是遵规循理。

不起来反抗他的统治，最终导致了隋朝的灭亡。

权力能给人带来诸多好处，但它最让人迷失的莫过于带给人的那份被众人追捧的感觉。人多爱慕虚荣，当条件适合时，这种劣根性往往暴露无遗。秦朝农民起义领袖陈胜年轻时是个雇工，经常和伙伴们一起给别人家种地。他经常对朋友们说："苟富贵，勿相忘。"但陈胜富贵后，就开始骄横起来，逐渐丢掉了谦逊的品格。后来一个曾和陈胜一起给地主种地的同乡听说他做了陈王，特意从登封阳城老家来找他，敲了半天门也没人搭理，直到其在陈胜外出时拦路呼喊其小名，才被召见，一起乘车回宫。因他是陈胜的故友，所以进进出出比较随便，有时也不免讲讲陈胜在家乡的一些旧事。不久，有人对陈胜说："客愚无知，颛妄言，轻威。"陈胜便十分羞恼，竟然把"妄言"的伙伴杀了，当年所说的"苟富贵，勿相忘"的话早抛到了九霄云外。自此以后，"诸陈王故人皆自引去，由是无亲王者"。最后，陈胜失败被杀。

唐朝初年，出现了著名的"贞观之治"，国家强盛。这不是偶然的，是唐太宗李世民认真总结隋亡经验的结果。隋朝本是一个强盛的王朝，但短短数十年就灭亡了，唐太宗李世民认为是其统治者不懂得"水能载舟，亦能覆舟"的道理，于是勤躬自省，为避免"偏信则暗"，他多次鼓励大臣上疏指出其不足之处，做到了"兼听则明"。大臣魏征曾数十次上疏直陈其过，劝太宗居安思危，察纳雅言，择善而从。后魏征病死，太宗亲临吊唁，痛哭失声，叹息说："以铜为镜，可以正衣冠；以史为镜，可以知兴替；以人为镜，可以明得失。今魏征已死，吾亡一镜矣。"

以上事例告诉我们，对待属下要心平气和，且应学会仔细分辨，不要因为自己的权势就置属下的意见于不顾，导致自己最后身败名裂，无处安身。心平气和才能分辨好坏，做出对自己有利的选择。

2. 虚心听取不同的意见

《鬼谷子》中说："德之术曰：勿坚而拒之。许之则防守，拒之则闭塞。高山仰之可极，深渊度之可测；神明之德术。正静，其莫之极。右主德。"其大意是，君主的"德"之术是：不要坚决地拒绝别人。若轻率许诺，就可能妨害自己的操守；若轻率拒绝，就可能闭塞自己的言路。仰望高山尚可看到顶，测量深渊尚可测到底，君主听术的公正沉稳则令人高深莫测。以上说的是君主听取意见的原则。

"勿坚而拒之""许之则防守，拒之则闭塞"，这是《鬼谷子》所赞赏的听术，也是每一个肩负领导使命的人应该切记的。对于他人的意见，不管是否合乎自己的心意，都应该慎重对待。尤其对于别人的批评，更要做到"有则改之，无则加勉"。

在《汉书·霍光传》里记载了一则"曲突徙薪"的故事：从前，有一户人家建了一栋房子，亲朋好友纷纷称赞其房子造得好，主人十分高兴。这时，有一位朋友对主人说："你家厨房上的烟囱是直的，灶膛的火很容易上到房顶，极有可能引起火灾。你应该在灶膛与烟囱中间加一段弯曲的通道，这样就安全多了。"主人不以为然地笑了笑。朋友又说："你在灶门前堆了很多柴草，这样也很危险，还是搬远一点好。"主人心里很不高兴，没有听从朋友的建议。过了几天，新房果

【原文】

德之术曰：勿坚而拒之。许之则防守，拒之则闭塞。高山仰之可极，深渊度之可测；神明之德术。正静，其莫之极。右主德。

【译文】

君主的"德"之术是：不要坚决地拒绝别人。若轻率许诺，就可能妨害自己的操守；若轻率拒绝，就可能闭塞自己的言路。仰望高山尚可看到顶，测量深渊尚可测到底，君主听术的公正沉稳则令人高深莫测。以上说的是君主听取意见的原则。

然发生了火灾，邻居们奋力帮助他把火扑灭了。主人摆了酒席，感谢帮忙救火的人。这时，有人提醒主人："你请了救火的人，怎能忘了那位向你提忠告的朋友呢？"主人连连点头，亲自跑去把那位朋友请来了。

做事时要向有经验的人虚心请教，因为实践是检验真理的唯一标准。不听忠言，最终会自食恶果。

"兵圣"孙武在初任吴国将领之际，看到吴王因想称霸而急于起兵，大夫伍子胥想报杀父之仇而急于战事，沉痛地说："战争若感情用事则无法取胜，战争的终极目的乃在求胜，故急于无胜之战，犹如负干草入火一般自取灭亡。目前对战争之准备未尽周全，敌情也无法掌握，若只因私欲而战，岂可得胜？昔人有言'逐鹿者，迷于山'，若现在兴兵，岂不犯下极愚蠢的错误？"吴王阖闾接受了孙武的意见，伍子胥也打消了急于伐楚的念头。后来，正是孙武率领吴军攻破了楚国的国都。吴王采纳孙武的正确建议，使吴国避免了一次鲁莽的战争。

善于倾听不同的意见，也就是善于从不同的人那里借脑。具有采纳价值的，进行必要的吸收；没有采纳价值的，也不会影响最终的决策。何乐而不为呢？

3. 赏罚分明，公正守信

大家都知道，在现代社会中讲究的是赏罚分明。有功不赏，则人们的积极性不高，就会不思进取；有过不罚，则人们就会放纵自己的行为,坏人就会越来越多。作为统治者,赏、罚都要取信于民，这样才会形成良好的社会风气。所以，《鬼

【原文】

用赏贵信，用刑贵正。赏赐贵信，必验而目之所闻见，其所不闻见者，莫不谙化矣。诚畅于天下神明，而况奸者干君。右主赏。

【译文】

凡奖赏，最重要的是守信；凡刑罚，最重要的是公正。赏必信，刑必正，必须让臣民亲身见闻，对于那些没有亲见亲闻者，也有潜移默化的作用。君主的诚信若能畅达天下，连神明也会护佑，又何惧奸邪之徒干扰君主呢？以上是君主赏罚的艺术。

谷子》认为，赏与罚的关键在于"信"与"正"。

战国时期秦国的商鞅变法，就是从立木树信开始的。当法令已详细制定但尚未公布之时，商鞅怕百姓不信任，于是在国都的集市南门立下一根三丈长的木杆，下令说有人能把它搬到北门去就赏给十金。百姓们感到此事很奇怪，没人动手去搬。商鞅将赏金增加到五十金。于是有一个人半信半疑地将木杆扛到了北

门，结果立刻获得了五十金的重赏。人们这才开始相信商鞅。这时，商鞅下令颁布变法法令。变法令颁布了一年，秦国百姓前往国都控诉新法使民不便的数以千计。

这时太子也触犯了法律，商鞅说：新法不能顺利施行，就在于上层人士带头违犯。太子是国君的继承人，不能施以刑罚，便对他的老师公子虔处刑，在另一个老师公孙贾脸上刺字，以示惩戒。第二天，秦国人听说此事，都遵从了法令。新法施行十年，秦国出现路不拾遗、山无盗贼的太平景象，百姓勇于为国作战，不敢再行私斗，乡野城镇都得到了治理。商鞅变法使秦国成为战国七雄中最为强盛的国家，为后来秦

王嬴政"扫六合、四海一"奠定了坚实的基础。

说起"赏"的艺术，其实并不像赏功那么简单。有时候，为了鼓舞士气，即便无功也要赏。

战国时期，燕昭王任乐毅为大将，联合秦、韩、魏、赵军队，合五国之力一起进攻齐国。齐湣王闻讯，急忙调兵遣将，令触子为先锋官在济水迎战。触子采取了避其锋芒的做法，坚守壁垒不战，乐毅也没有好的对策。此时，糊涂的齐湣王却帮了联军的大忙。他见触子只守不攻，觉得有损齐国的威风，命他立即出兵。触子只得被迫迎敌，结果大败，触子也不知所踪。幸亏齐将达子引领残军且战且退，一直退到齐都临淄以西的一个叫秦周的地方才停下来，准备死守临淄城。达子想犒赏士卒以振奋士气，于是就去求齐湣王，希望他能发放城内国库的金币犒赏三军。齐湣王拍案大骂道："达子你打了败仗，还妄想要我的赏赐！你马上给我死战，否则提头来见！"达子一听这话，仰天长叹，心想：昏君不知审时度势，必然没有好下场，齐国没希望了。无奈之下，他只能率残部冲进敌阵，奋力拼杀，结果战死沙场。达子一死，五国联军长驱直入，杀进临淄，抢走了齐国宗庙里的重器，还将齐国的金银珠宝洗劫一空。齐湣王昏庸无道，贪小失大，结果将整个国家都拱手送给了别人。

说起"罚"的艺术，则应强调有过必罚。有些人总想用道德说服的方式来解决一些问题。但是有些事情，比如犯罪，只靠说服是解决不了的，此时有必要给予一定的惩罚，惩教结合，双管齐下，才能取得预期的效果。因此，执法者审讯治狱，不要一味用柔，否则就很容易优柔寡断。法律是无情的，不管面对的是谁，只要犯了法，那就没必要讲什么情面。在

【原文】

一曰长目，二曰飞耳，三曰树明。明知千里之外，隐微之中，是谓洞天下奸，莫不谙变更。右主恭。

【译文】

一个叫"长目"，一个叫"飞耳"，一个叫"树明"。明察千里之外隐约微小的事情，就叫"洞悉"天下奸邪，没有不精通事理变更的。以上讲的是洞察奸邪。

执法严明方面，东汉光武帝时期的"强项令"董宣为我们树立了榜样。

光武帝像

　　东汉光武帝时，洛阳令董宣办事果断而公允。有一次，公主家的家奴仗势杀人，躲在公主府里不出来。董宣派人在公主府门口守着，等凶手跟着公主一起出来时当场处死凶手。公主去找光武帝，哭着说董宣欺负她，光武帝把董宣叫去，要他给公主磕头赔罪，可董宣怎么也不肯。内侍把他的脑袋往地下摁，可是董宣用两手使劲儿撑住地，挺着脖子，不肯低下头去。内侍知道光武帝不想治董宣的罪，又想给光武帝台阶下，就大声说道："回陛下的话，董宣的脖子太硬，摁不下去。"光武帝一听这话就笑了，他不但没治董宣的罪，还夸奖了他。

　　作为执法者，对罪犯一味迁就和宽容是行不通的，必须打压他们的嚣张气焰，执法者正义的气势要凌驾于罪犯之上。其实，在现实中，最难处理的就是那些居功自傲的人。他们

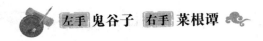

自认为劳苦功高，于是就把自己凌驾于法律之上，恣意妄为。这些人不受到惩处，社会风气就得不到根本的好转。所以，严明之君赏罚应遵循的原则是：功是功，过是过，今天犯的罪行不能被往日的功劳所抵消。执法严明，宽严相济，才能制服罪犯，同时也维护了法律的肃穆与尊严。

下编

做人应读《菜根谭》

　　古人云："心安茅屋稳，性定菜根香。"《菜根谭》是一部论述修养、人生、处世、出世的语录集。它借解释菜根的含义，将儒的仁义中庸、道的无为知命以及佛教的禅定超脱熔冶于一炉，总结出了为人处世之策略。由此给人一双看清人世的慧眼，让人在获得诸多感悟中，寻找到属于自己的那把人生金钥匙。

一
处世让一步为高，
待人宽一分是福

【原文】

石火光中，争长竞短，几何光阴？蜗牛角上，较雌论雄，许大世界？

【译文】

在电光石火般短暂的人生中较量时间的长短，又能争到多少光阴？在蜗牛触角般狭小的空间里你争我夺，又能争夺到多大的世界空间？

为人处世，忍让为本。但律己宽人同样是种福修德的好根由。为人在世，谁也保证不了不犯错误，谁也难免得罪人，但能得到人家的宽容，你自然会感激不尽。当然，人家也会冲撞于你，冒犯于你，若你能宽容待之，人家就会认为你坦诚无私，胸襟广阔，人格高尚，于是你的身边会挚友云集，他们会为你赴汤蹈火。

1. 让步为高，宽人是福

《菜根谭》中说："处世让一步为高，退步即进步的张本；待人宽一分是福，利人实利己的根基。"意为为人处世能够做到忍让是很高明的处世方法，因为退让一步往往是更好地进步的阶梯；对待他人宽容大度就是有福之人，因为在方便别人的同时也为方便自己奠定了基础。

齐国相国田婴门下有个食客叫齐貌辨，他生活不拘细节，我行我素，常常犯些小毛病。门客中有个叫士尉的人劝田婴不要与这样的人打交道，田婴不听，士尉便辞别田婴另投他处了。门客们为这事愤愤不平，田婴却不以为然。田婴的儿子孟尝君便私下里劝父亲说："齐貌辨实在讨厌，你不赶他走，倒让士尉走了，大家对此都议论纷纷。"

田婴一听，大发雷霆，吼道："我看我们家里没有谁比得上齐貌辨。"这一吼，吓得孟尝君和门客们再也不敢吱声了。而田婴对齐貌辨却更客气了，住处吃用都是上等的，并派长子侍奉他，给他以特别的款待。

过了几年，齐威王去世了，齐宣王继位。宣王喜欢事必躬亲，觉得田婴管得太多，权势太重，怕他对自己的王位有威胁，因而不喜欢他。田婴被迫离开国都，回到了自己的封地薛地（今山东省藤县南）。其他门客见田婴没有了权势，都离开了他，寻找各自的新主人去了，只有齐貌辨跟他一起回到了薛地。回来后没多久，齐貌辨要到国都去拜见宣王。田婴劝阻他说："现在宣王很不喜欢我，你这一去，不是去找死吗？"

齐貌辨说："我本来就没想活着回来，你就让我去吧！"

【原文】

夜眠八尺，日啖二升，何须百般计较；书读五车，才分八斗，未闻一日清闲。

【译文】

一个人躺下不过一人之长，一天最多吃两升，何必计较许多；有学问的人学富五车，是因为天天不断地学习，没有一天空闲。

田婴无奈，只好由他去了。

宣王听说齐貌辨要见他，憋了一肚子气等着他。一见齐貌辨就说："你不就是田婴很信从、很喜欢的齐貌辨吗？"

"我是齐貌辨。"齐貌辨回答说，"靖郭君（田婴）喜欢我倒是真的，说他信从我的话，可没这回事。当大王你还是太子的时候，我曾劝过靖郭君，说：'太子的长相不好，脸颊那么长，眼睛又没有神采，不是什么尊贵高雅的面目。像这种脸相的人是不讲情义、不讲道理的，不如废掉太子，另立卫姬的儿子郊师为太子。'可靖郭君听了，哭哭啼啼地说：'这不行，我不忍心这样做。'如果他当时听了我的话，就不会像今天这样被赶出国都了。

"还有，靖郭君回到薛地以后，楚国的相国昭阳要求用大几倍的土地来换薛地。我劝靖郭君答应，而他却说：'我接受了先王的封地，虽然现在大王对我不好，可我这样做对不起先王呀！更何况，先王的宗庙就在薛地，我怎能为了多得些地方而把先王的宗庙给楚国呢？'他始终不肯听从我的劝告而拒绝了昭阳，至今守着那一小块地方。就凭这些，大王你看靖郭君是不是信从我呢？"

宣王听了这番话，很受感动，叹了口气说："靖郭君待我如此忠诚，我年轻，丝毫不了解这些情况。你愿意替我去把他请来吗？我马上任命田婴为相国。"

田婴待人宽和，终因此而复相位。

【原文】

平民肯种德施惠，便是无位的卿相；仕夫徒贪权市宠，竟成有爵的乞人。

【译文】

一个平民老百姓如果愿意尽自己的能力广积恩德广施恩惠，他虽然没有公卿相国的名位，却同样受到世人景仰；那些享有高官厚禄的士大夫如果一味地争夺权势贪恋名声，虽然有着公卿爵位，却像讨饭的乞丐一样可悲。

2. 心地放宽，恩泽流长

《菜根谭》曰："面前的田地要放得宽，使人无不平之叹；身后的惠泽要流得长，使人有不匮之思。"意为一个人待人处事的心胸要宽厚，使你身边的人不会有不平的牢骚；死后留给子孙与世人的恩泽要流得长远，才会使子孙有不断的思念。

东汉时，班超一行在西域联络了很多国家与汉朝和好，但龟兹恃强不从。班超便去结交乌孙国。乌孙国王派使者到长安来访问，受到汉朝的友好接待。使者告别返回，汉帝派卫侯李邑携带不少礼品同行护送。

李邑等人经天山南麓来到于阗，传来龟兹攻打疏勒的消息。李邑害怕，不敢前进，于是上书朝廷，中伤班超只顾在外享福，拥妻抱子，不思中原，还说班超联络乌孙、牵制龟兹的计划根本行不通。

班超得知李邑从中作梗，叹息说："我不是曾参，被人家说了坏话，恐怕难免见疑。"他便给朝廷上书申明情由。

汉章帝相信班超的忠诚，下诏责备李邑说："即使班超拥妻抱子，不思中原，难道跟随他的一千多人都不想回家吗？"诏书命令李邑与班超会合，并受班超的节制。汉章帝又诏令班超收留李邑，与他共事。

李邑接到诏书，无可奈何地去疏勒见了班超。

班超不计前嫌，友好地接待了李邑。他改派别人护送乌孙的使者回国，还劝乌孙王派王子去洛阳朝见汉帝。乌孙国王子启程时，班超打算派李邑陪同前往。

【原文】

面前的田地要放得宽，使人无不平之叹；身后的惠泽要流得长，使人有不匮之思。

【译文】

待人处事态度要宽厚，别人对你才不致有不平的牢骚；死后留给子孙与后人的恩泽要流长放远，才会使别人永远怀念。

有人对班超说："过去李邑毁谤将军，破坏将军的名誉，这时正可以奉诏把他留下，另派别人执行护送任务，你怎么反倒放他回去呢？"

班超说："如果把李邑扣下的话，那就气量太小了。正因为他曾经说过我的坏话，所以让他回去。只要一心为朝廷出力，就不怕人家说我的坏话。如果为了自己一时痛快，公报私仇，把他扣留，那就不是忠臣的行为。"

李邑知道后，对班超十分感激，从此再也不诽谤他人了。

人生在世究竟该怎样做人？从古至今都是人们争论的一个话题。是"争一世而不争一时"，还是"争一时也要争千秋"？是只顾个人私利不管他人"瓦上霜"，还是为人类多做些有益的事？这实际上是两种世界观的较量。生活中，心胸狭窄的人凡事都跟人斤斤计较，如此必然招致他人不满。人在世时宽以待人，善以待人，多做好事，遗爱人间，必为后人怀念。而恩泽要遗惠长远，则应该多做在人心和社会上能长久留存的善举。只有为别人多想，心底无私，眼界才会广阔，胸怀才能宽厚。

3. 知退一步，须让三分

《菜根谭》中说："人情反覆，世路崎岖。行不去处，须知退一步之法；行得去处，务加让三分之功。"意为人间世情变化不定，人生之路曲折艰难，充满坎坷。在人生之路走不通的地方，要知道退让一步、让人先行的道理；在走得过去的地方，也一定要给予人家三分的便利，这样才能逢凶化吉，一帆风顺。

明朝年间，江苏长洲地方有一位姓尤的老翁开了个当铺，好多年了，生意一直不错。某年年关将近，有一天，尤翁忽然听见铺堂上人声嘈杂，走出来一看，原来是站柜台的伙计同一个邻居吵了起来。伙计连忙上前对尤翁说："这人前些时候典当了些东西，今天空手来取典当之物，不给就破口大骂，一点道理都不讲。"那人见了尤翁，仍然骂骂咧咧。尤翁却笑脸相迎，好言好语地对他说："我晓得你的意思，不过是为了度过年关。街坊邻居，区区小事，还用得着争吵吗？"于是叫伙计找出他典当的东西，共有四五件。尤翁指着棉袄说："这是过冬不可少的衣服。"又指着长袍说："这件给你拜年用。其他东西现在不急用，不如暂放这里，棉袄、长袍先拿回去穿吧！"

那人拿了两件衣服，一声不响地走了。当天夜里，他突然死在另一个人家里。为此，死者的亲属同那人打了一年多官司，害得别人花了不少冤枉钱。

原来，死去的这个邻人生前欠了人家很多债，无法偿还，

【原文】

人情反覆，世路崎岖。行不去处，须知退一步之法；行得去处，务加让三分之功。

【译文】

人间世情反复无常，人生之路崎岖不平。在人生之路走不通的地方，要知道退让一步的道理；在走得过去的地方，也一定要给予人家三分的便利，这样才能逢凶化吉，一帆风顺。

【原文】

路径窄处留一步，与人行；滋味浓的减三分，让人嗜。此是涉世一极乐法。

【译文】

在狭窄的路上行走时，要留一点余地给别人走；遇到美味佳肴，要留出三分让给别人吃。这就是一个人立身处世最快乐的方法。

走投无路，事先已经服毒，知道尤家殷实，想用死来敲诈一笔钱财，结果只得了两件衣服。他只好到另一家去扯皮，那家人不肯相让，结果就死在那里了。

后来有人问尤翁："你怎么能有先见之明，容忍这种人呢？"尤翁回答："凡是蛮横无理来挑衅的人，一定是有所恃而来的。如果在小事上不稍加退让，那么灾祸就可能接踵而至。"人们听了这席话，无不佩服尤翁的见识。

【原文】

福莫福于少事，祸莫祸于多心。惟少事者方知少事之为福；惟平心者始知多心之为祸。

【译文】

人生最大的幸福莫过于没有无谓的牵挂，而最大的灾祸莫过于多疑猜忌。只有每天辛苦忙碌的人，才真正知道无事清闲的幸福；只有心宁气平的人，才真正理解疑神疑鬼的祸患。

中国有句格言："忍一时风平浪静，退一步海阔天空。"不少人将它抄下来贴在墙上，奉为处世的座右铭。这句话与当今商品经济下的竞争观念似乎不大合拍，事实上，"争"与"让"并非总是不相容，反倒经常互补。在生意场上也好，在日常生活中也好，在个人之间、集团之间，不要一个劲儿"争"到底，退让、妥协、牺牲有时也很有必要。而作为个人修养和处世之道，"让"不仅是一种美好的德性，也是一种宝贵的智慧。

4. 量宽福厚，器小禄薄

《菜根谭》曰："仁人心地宽舒，便福厚而庆长，事事成个宽舒气象；鄙夫念头迫促，便禄薄而泽短，事事成个迫促规模。"意为心地仁慈博爱的人，由于胸怀宽广舒坦，就能享受厚福而且长久，于是形成事事都有宽宏气度的样子；反之，心胸狭窄的人，由于眼光短浅思维狭隘，所得到的利禄都是短暂的，形成只顾眼前而临事紧迫的局面。

庞涓与孙膑同在鬼谷子门下学兵法。庞涓自以为学得差不多了，又听到魏国正在厚币招贤，访求将相，于是匆匆辞别鬼谷子，投奔魏国大臣王错，王错将他推荐给魏惠王。魏王见他兵法精熟，便任他为元帅，兼军师。

孙膑为人忠厚，鬼谷子便将自己注解的《孙子兵法》传授给了他。孙膑三日内尽行记下，鬼谷子便索还原书。

魏惠王从墨翟口中知道鬼谷子门下还有一名弟子，叫孙膑，好生了得，于是派使臣将

【原文】

仁人心地宽舒，便福厚而庆长，事事成个宽舒气象；鄙夫念头迫促，便禄薄而泽短，事事成个迫促规模。

【译文】

仁慈博爱的人心胸宽阔坦荡，所以能够福禄丰厚而长久，事事都能表现出宽宏大度的气概；浅薄无知的人心胸狭窄，所以福禄微薄而短暂，凡事都表现出目光短小狭隘局促的心态。

【原文】

淡薄之士，必为浓艳者所疑；检饬之人，多为放肆者所忌。君子处此固不可少变其操履，亦不可太露其锋芒。

【译文】

对名利淡泊而又有才华的人，必定会受到那些热衷于名利之人的猜疑；一个生活俭朴谨慎的人，往往会遭受那些邪恶放纵之辈的妒忌。一个坚守正道的君子，固然不应该因此而稍稍改变自己的操守，但是也不能够过于锋芒毕露。

【原文】

爱是万缘之根，当知割舍。识是众欲之本，要力扫除。

【译文】

爱是万缘的根本，适当的时候要知道割舍。心中的欲念是所有欲望的来源，要极力扫除。

孙膑迎至魏国。魏惠王问庞涓，孙膑才能如何，庞涓说在己之上，要魏惠王任他为客卿。客卿地位虽高，但不掌握军权。孙膑在魏惠王面前演习兵阵，庞涓预先请教孙膑，然后在魏惠王面前一一指出阵名，魏惠王便以为庞涓的才能胜于孙膑。

庞涓既害怕孙膑分宠，又想得到《孙子兵法》真传，就开始设计陷害孙膑。孙膑是齐国人，庞涓叫人假造了一封家信，由手下人扮作齐国使者，将信交给孙膑，说是齐国他哥哥来的信，请他回去祭扫祖坟。孙膑回信谢绝，庞涓得信后，添加了孙膑想效忠齐王的内容，连夜送给魏惠王看，后又假装探望孙膑，唆使孙膑第二天上书请假，魏惠王便真的以为孙膑不忠，想出卖自己，于是把他交给庞涓处理。庞涓当着孙膑的面，说去见魏惠王救孙膑，实则在魏惠王跟前请求对孙膑用刖刑（即锯去膝盖骨），回来后说自己只能保他不死，假表歉意后，便叫手下人对孙膑用刖刑。

孙膑从庞涓的下人那里打听到，庞涓想得到兵法后再弄死他，情急生计，便装癫佯狂。墨翟得知此事后，便到齐国把详情告知大将田忌，田忌又言之于齐威王。于是齐国借口其他事派使臣至魏国，趁庞涓不注意时将孙膑偷带至齐国。

孙膑回到齐国后，只愿做田忌的军师。后庞涓率兵攻打赵国都城邯郸，赵求救于齐。田忌用孙膑"围魏救赵"之计，就近进攻魏国的襄陵。庞涓果然回兵，结果在桂陵中了孙膑预设的埋伏，大败。

当初庞涓知道齐威王得了孙膑后，一直寝食不安，又行反间计，使得田忌、孙膑被免官。庞涓得意忘形，以为自己天下无敌了，便率兵攻韩。韩国向齐国求救。当时齐威王已死，齐宣王继位，并重新起用了田忌、孙膑。齐国待魏兵与韩兵交战了很久之后才出兵。这次又采用"围点打援"之计，直逼魏都大梁。庞涓火速回兵，孙膑又用减灶之法迷惑敌人，使庞涓误以为齐兵大多逃亡，不堪一战，于是全力追赶。追至马陵道时，又中了孙膑的埋伏，全军覆灭。不仁不义的庞涓被万箭穿心。

庞涓本和孙膑有同窗之谊，但鬼谷子没有把《孙子兵法》传给庞涓，这使得庞涓迁怒于孙膑并加害于他。但孙膑最终还是逃脱了庞涓的魔掌，在战场上惩处了不仁不义的庞涓。庞涓咎由自取，罪有应得。

念头少，伪装少，争得就少，心情舒畅，平日就少有忧虑烦恼。有些人聪明过了头，用尽心机，烦恼接踵。而那些污秽贪婪的小人，心地狡诈，行为奸伪，凡事只讲利害不顾道义，这种人的行为更不足取。仁人待人之所以宽厚，在于诚善，在于忘我。所以，待人应有些肚量，少为私心杂念打主意。不强取不属于自己的东西，烦恼何来？做人要充分修省自己才是。

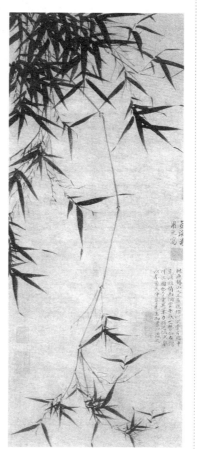

【原文】

争先的径路窄，退后一步自宽平一步；浓艳的滋味短，清淡一分自悠长一分。

【译文】

人人竞相争先的道路最为狭窄，如果能够退后一步，道路自然就会宽广一步；追求浓艳华丽，那么享受到的滋味就会缩短，如果清淡一些，滋味反而更加悠久。

二
找到正确的处世方式，
达到做人的最高境界

【原文】

攻人之恶毋太严，
要思其堪受；教人以善
毋过高，当使其可从。

【译文】

批评别人的缺点
不要太严厉，要想想
别人是否能够承受；教
人家做善事，也不要
要求太高，要考虑别
人是否能够做到。

正确的处世方式来自正确的处世观念，它表现于一个人
对"度"的把握，是处世做人的最高境界。它包括人的价值观、
世界观、生活方式以及恰到好处的处世原则等诸多内容。过刚
易折，过柔则卑。做到外圆内方，刚柔相济，进退自如，才能
在纷繁复杂的人际关系中游刃有余，顺风扬帆。

1. 责备别人不可太刻薄

现在有一句话，叫作"从自己做起"，如果不是变成了
一句空口号，这是一句非常有实际意义的话。从自己做起，
就是对自己严格要求，事事走在前面，以行动作为示范，这
样自然有激励力量。相反，自己做不到的，却要求人家做到，
自己付出很大努力才做到的，却要求人家轻松做到，这首先
就使人家不服，哪能有激励力量呢？

东汉光武帝时，光武帝刘秀的姐姐湖阳公主外出有事。
当公主乘坐的车经过洛阳城内有名的夏门亭时，洛阳令董宣

带着一班衙役拦住了公主乘坐的车。董宣要拘捕湖阳公主的一个家奴，据了解，这个家奴也跟随这个车队出来了。湖阳公主见一个小小洛阳令，竟公然阻挡皇亲车队，便勃然大怒，大声斥责董宣大胆。

董宣毫不示弱，他也大声回敬湖阳公主，说她包庇杀人犯，并严令这个犯有杀人罪的家奴快下马来。湖阳公主见董宣一点不把自己放在眼里，还想庇护那个家奴，但已来不及了。只见董宣眼明手快，令手下衙役快速把那个家奴抓过来，并当着湖阳公主的面，当场把那个家奴打死。

湖阳公主气得发抖。她从来没有受过如此羞辱，这口气无论如何也难以咽下。她调转车头，直奔皇帝居住的禁宫。

皇姐驾到，刘秀当然要见她。湖阳公主一面向刘秀哭诉事情的经过，一面要刘秀替她出这口气，严厉惩罚董宣。

对于董宣，刘秀是知道的。这个人刚正不阿，执法如山。当年他在任北海相期间，曾经以杀人罪捕杀了当地豪族公孙丹父子，还杀了到衙门捣乱的公孙丹家族三十余族人。事情一闹大，朝廷把董宣抓了起来，并以"滥杀"罪判其死刑。董宣却毫无惧色，视

死如归。在执行死刑的一刹那，刘秀的赦令传到，董宣才得以幸免。

刘秀虽然了解董宣的性格，但对皇姐当众受辱这口气也觉得难以下咽，他立即下令让卫士把董宣抓进宫来，准备处死他。

董宣还是那副面不改色的态度。他讲要死可以，但有句话必须讲明："陛下圣明，汉室得以中兴，但如果自己亲属的家奴无故杀人而不受到制裁，那陛下还怎么治理天下？要臣死不难，用不着鞭笞，臣自杀就是。"说完就向门槛上撞去。

刘秀也被董宣的一身正气所震慑。他感触良多："如此刚正之臣，能治罪吗？"后来，他虽然免了董宣的死罪，但皇帝的威严仍使刘秀要董宣向湖阳公主叩头赔不是。耿直的董宣就是不愿叩头，宦官强拽住他的头往下按，董宣依然死命不肯低头。

湖阳公主气不打一处来。她对刘秀说："如今你是天子，为何就不能下一道命令呢？"刘秀不以为然："正因为是天子，才不能像布衣那样办事啊。"湖阳公主无奈，只得回去了。

在与人相处时要学会体谅他人，在温和且不伤害他人的前提下，适宜地帮助别人。孔子也曾说过："严以律己，宽以待人。"以严厉的态度对待别人，容易得到相反的结果，如此一来，反而无法达到目的。若要避免遭受无益的困扰，关键在于宽容他人。但是，此种态度只适于对待他人，却不能自我宽容，在律己方面应该时刻以严格的态度自我反省。像前面提到的湖阳公主，就是对自己的家奴过于纵容，而对董宣偏偏不依不饶，非逼着光武帝严惩董宣不可。这就是苛责别人，宽容自己。幸好光武帝没有一味放纵湖阳公主的要求，反而宽宥了董宣冒犯公主的事情。过于放纵自己不仅没有好处，反而会阻碍自己身心的发展。光武帝如果放任私心，包庇亲属，不仅会损害他的名声，还会破坏朝廷法令的公正执行，伤及汉室江山社稷。

俗话说："见人之过易，见己之过难。"责备别人不可太刻薄，但是反求诸己则必须严格要求，如此一来，自己的德性也就随之进步了。

2. 恩威并施，宽严互用

《菜根谭》中说："处治世宜方，处乱世当圆，处叔季之世当方圆并用。待善人宜宽，待恶人当严，待庸众之人宜宽严互存。"意为生活在太平盛世，为人处世应当严正刚直；生活在动荡不安的时代，为人处世应当灵活老练；生活在衰乱将亡的时代，为人处世就要方圆并用。对待心地善良的人，应当多一些宽容；对待凶恶的人，应当更加严厉；对待庸碌平凡的众生，则应当根据具体情况，宽容和严厉互用，恩威并施。

汉代的朱博是一介武生，后来被调任至地方当文官，他

【原文】

"为鼠常留饭，怜蛾不点灯"，古人此点念头，是吾一点生生之机，列此即所谓土木形骸而已。

【译文】

"为饥饿的老鼠常常留些剩饭，因为怜惜飞蛾的生命而不点灯"，古人的一点善念，是我辈的一点生机，这就是所谓土木形骸的感情。

利用恩威并施的手段，顺利地制服了地方上的恶势力，被人们传为美谈。在长陵一带，有个大户人家出身、名叫尚方禁的官吏，年轻时曾强奸邻居的妻子，被人用刀砍伤了面颊。如此恶棍，本应重重惩治，只因他贿赂了官府的功曹才没有被革职查办，最后还被调升为负责治安的守尉。

朱博上任后，有人向他告发了此事。朱博觉得真是岂有此理！就马上把尚方禁找来。尚方禁心中七上八下，硬着头皮来见朱博。朱博仔细看了看尚方禁的脸，果然发现有疤痕。就将左右退开，假装十分关心地询问究竟。

尚方禁做贼心虚，知道朱博已经了解了他的情况，就像小鸡啄米似的接连给朱博叩头，如实地讲了事情的经过。头也不敢抬，只是一个劲儿地哀求道："请大人恕罪，小人今后再也不干那种伤天害理的事了。"

"哈哈哈……"没想到朱博突然大笑道，"男子汉大丈夫，一时犯错也是有的。本官想为你雪耻，给你个立功的机会，你能好好干吗？"这时的尚方禁哪里还敢说半个"不"字。

于是，朱博就命令尚方禁不得向任何人泄露今天的谈话内容，要他有机

会就记录一些其他官员的言论，并且及时向朱博报告。听到这里，尚方禁心里的石头才算落了地，他赶紧表态说一定好好干。从此之后，尚方禁便成了朱博的亲信和耳目。

自从被朱博宽释重用之后，尚方禁对朱博的大恩大德时刻铭记在心，所以干起事来就特别用心，不久就破获了许多盗窃、杀人、强奸等犯罪活动，使地方治安情况大为改观。朱博遂提升他为连守县县令。

又过了很久，朱博突然召见那个当年受了尚方禁贿赂的功曹，单独对他进行了严厉训斥，并拿出纸和笔，要那位功曹把自己受贿一文钱以上的事统统写下来，不能有丝毫隐瞒。

那位功曹早已吓得如筛糠一般，只好提起笔，写下自己的斑斑劣迹。由于朱博早已从尚方禁那里知道了这位功曹贪污受贿、为奸为贼的事，所以，看了功曹的交代材料，觉得大致不差，就对他说："你先回去好好反省反省，听候本官裁决。从今以后，一定要改过自新，不许再胡作非为！"说完就拔出刀来。

那功曹一见朱博拔刀，立时吓得两腿发软跪在地上，嘴里不停地喊："大人饶命！大人饶命！"只见朱博将刀晃了一下，一把抓起那位功曹写下的罪状材料，三两下，就将其撕成纸屑，扔到纸篓里去了。自此以后，那位功曹整天如履薄冰、战战兢兢，做起事来尽心尽责，不敢有丝毫懈怠。

无规矩，不成方圆，为人处世，当宽则宽，当严则严，这才合乎做人的本性。

【原文】

处父兄骨肉之变，宜从容不宜激烈；遇朋友交游之失，宜凯切不宜优游。

【译文】

面对父兄或骨肉至亲之间发生意料不到的变故，应该保持镇定沉着，绝不可感情用事地采取激烈的态度；在与朋友的交往过程中，遇到朋友有过失，应该态度诚恳地规劝，不宜得过且过地让他错下去。

3. 名不独享，过不推脱

《菜根谭》曰："完名美节，不宜独任，分些与人，可以远害全身；辱行污名，不宜全推，引些归己，可以韬光养德。"意思是完美的名誉和节操不要一个人独占，必须分一些给旁人，才不会惹发他人忌恨招来祸害而保全生命；耻辱的行为和名声不可以完全推到他人身上，要自己承揽几分，才能掩藏自己的才能而促进品德的修养。

独孤皇后是隋文帝的妻子。她身为皇后，而且家族世代富贵，但不仗势凌人、爱慕虚荣，而是努力以社稷为重。当时突厥与隋朝通商，有价值八百万的一篓明珠，幽州总管阴寿准备买下来献给皇后。皇后知道后断然回绝，她说："明珠不是我急用的。当今敌人屡犯边境，我军将士疲劳，不如把买明珠的八百万分赏给有功将士。"皇后喜爱读书，待人和蔼，百官对她敬重有加。有人引用周礼，提议让皇后统辖百官妻室。皇后不愿开妇人干政的先例，没有接受。大都督崔长仁是皇后的表兄弟，犯了死罪，隋文帝碍于皇后情面，想免他的罪。皇后却以维护国家利益为出发点，她顾全大局，对隋文帝说："国家大业，焉能顾私。"崔长仁终于受到律法的严惩。

做人不能只占美名，推卸责任，应当敢于担责任，担义务。从历史上看，一个人有伟大的政绩和赫赫的战功，常常会遭受他人的嫉妒和猜疑。历代封建王朝的君主多半会杀戮开国功臣，因此才有"功高震主者身危"之说，只有像张良那样功成身退、善于明哲保身的人才能防患于未然。所以，君子都明了居功之害。遇到好事，总要分一些给其他人，绝不可自己独享，否则易使他人怨恨，甚至招致杀身之祸。完美名节的反面就是败德乱行，人都喜欢美誉而讨厌污名。污名固

【原文】

人情世态，倏忽万端，不宜认得太真。尧夫云："昔日所云我，今朝却是伊；不知今日我，又属后来谁？"人常作是观，便可解却胸矣。

【译文】

人情冷暖，世态炎凉，瞬息万变，都不必看得那么认真。尧夫先生说："昨天所说的我，在今天已经变成了他；不知道今天的我，明天又变成谁？"人们如果常常做这样的思考，就可以放下心中许多牵挂。

然能毁坏一个人的名誉，然而一旦污名降身，也不可以全部推给别人，自己一定要面对现实，承担一部分，显得自己胸怀磊落。只有具备这样涵养德行的人，才算是完美而清高脱俗的人。让名可以远害，引咎便于韬光，这本身就是对待名利的良策。

4. 人要学会适可而止

《菜根谭》言："笙歌正浓处，便自拂衣长往，羡达人撒手悬崖；更漏已残时，犹然夜行不休，笑俗士沉身苦海。"这段话告诉人们，做事勿待极致，用力勿至极限，悬崖撒手，适可而止，才能确保平安。做事是这样，生活上也该如此。"花要半开，酒要半醉"，才能真正享受到其中的乐趣。反之，假

如酒喝到烂醉如泥，不但不是享乐，反而是受罪。要学会控制自己的欲望，以免乐极生悲。

年羹尧字亮工，是汉军镶黄旗人，进士出身，颇有将才，多年担任川陕总督，替西征大军办理后勤。年羹尧早年已为皇四子胤禛（雍正）集团成员，还将妹妹送给胤禛当侧福晋，以表对主子的亲近和忠心。隆科多是孝懿仁皇后的兄弟，既任步军统领，又是国舅之亲，是康熙帝十分器重之臣，后来果然成为康熙病中唯一的顾命大臣。

雍正与年羹尧、隆科多二人结交，自有其深刻用意。康熙末年，由于太子被废，诸皇子见机，都加紧夺取嗣位的斗争。胤禛暗地里自然也着力较劲。他很清楚，除了用精明务实的办事能力博取父皇的信任外，还必须拉拢拥有兵权的朝中重臣，所以他极力拉拢隆科多和年羹尧。隆科多统辖八旗步军五营两万多名官兵，掌管城九门进出，可以控制整个京城的局势。而年羹尧辖地正是皇九子胤禟驻兵之所，处在可以牵制和监视胤禟的有利地位上。西安又是西北前线与内地交通的咽喉所在，可谓全国战略要地，所以后来史家也认为："世宗之立，内得力于隆科多，外得力于年羹尧。"

雍正即位之初，隆科多和年羹尧便成为新政权的核心人物，雍正对其恩宠有加。年羹尧即受命与掌抚远大将军印的延信共掌军务。未及半年，雍正又命将西北军事"俱降旨交年羹尧办理"。

雍正元年十月，青海厄鲁特罗卜藏丹津发生暴乱，雍正又任命年羹尧为抚远大将军。年羹尧不负圣恩，率师赴西宁征讨，平定成功，威震西南。雍正诏授年羹尧一等公爵。

雍正不但对年羹尧加官晋爵，授予权力，还关心其家人，

【原文】

锄奸杜幸，要放他一条去路。若使之一无所容，便如塞鼠穴者，一切去路都塞尽，则一切好物都咬破矣。

【译文】

要想铲除杜绝那些邪恶奸诈之人，就要给他们一条改过自新、重新做人的路走。如果使他们走投无路、无立锥之地的话，就好像堵塞老鼠洞一样，一切进出的道路都被堵死了，一切好的东西也都被咬坏了。

【原文】

士君子不能济物者，遇人痴迷处，出一言提醒之，遇人急难处，出一言解救之，亦是无量功德矣。

【译文】

有学问有节操的人虽然贫穷，无法用物质去接济他人，但当碰到别人为某件事执迷不悟时，能去指点他、提醒他，使他领悟；当别人发生危急困难时，能为他说几句公道话和安慰的话，使他摆脱困境，这也算是无限的大功德了。

笼络备至，甚至把年羹尧视作"恩人"，非但他自己嘉奖，且要求"朕世世子孙及天下臣民"，当对年羹尧"共倾心感悦，若稍有负心，便非朕之子孙，稍有异心，便非我朝臣民也"。又口口声声对年羹尧说："从来君臣之遇合，私意相得者有之，但未必得如我二人之人耳！总之，我二人做个千古君臣知遇榜样，令天下后世钦慕流涎就是矣。"这类甜言蜜语出自皇帝之口，实在罕见。

雍正就这样用肉麻的语言拉拢、迷惑着年羹尧。年羹尧却被蒙在鼓里，真以为和皇帝成了知己，就以皇帝为后台，居功恃傲、骄肆蛮横起来。年羹尧打了胜仗回京，军威甚盛，盛气凌人。雍正在郊外迎接，百官伏地参拜，年羹尧却不为所动，与雍正并辔而行。这时雍正心中甚是不快，哪能容得臣下如此不恭？始有嫌恶之意。

雍正三年四月，雍正仅因年羹尧奏表中字迹潦草和成语倒装，就下诏免其大将军之职，调补杭州将军，以解除其兵权。而臣僚们见年羹尧失宠，便纷纷上奏，检举揭发年羹尧的种种违法行为。此时雍正又听说年羹尧在西北之时，曾与皇十四子胤禵等人有所交往，密谋废立等谣传，生性猜忌的雍正便决意杀掉年羹尧。

最后，议政大臣等罗列了年羹尧几条罪状，拟判死刑，家属连坐。雍正以年羹尧有平青海诸功为由，令其自裁。年羹尧之父以年老免死，年羹尧之子年富立斩，其余 15 岁以上男子俱被发往广西、云南极边烟瘴之地充军。族人全部被革职，有亲近年家子孙之人，也以党附叛逆罪论处。

隆科多的命运与年羹尧如出一辙。在雍正即位之初，隆科多备受宠信，被授吏部尚书，加太保、赏世爵。隆科多亦恃恩骄肆，多为不法。年羹尧狱起，隆科多起而庇护，却激起龙颜大怒，被削去太保衔、诏夺世爵。雍正四年初，隆科多被革去尚书之职，并被派往新疆阿尔泰处理边务，其家仆牛伦被斩。雍正五年十月，又以隆科多私藏玉牒罪，将其诏调回京革职查问。隆科多被拟罪名达 110 项，雍正下旨，将隆科多下狱，永远禁锢。是年冬天，隆科多即病死于狱中，其妻子家属也被流放。

【原文】

待人而留有余，不尽之恩礼，则可以维系无厌之人心；御事而留有余，不尽之才智，则可以提防不测之事变。

【译文】

予人恩惠，应渐渐施出，要留有余地，人心贪婪，最不知足，余下的恩礼可以维系、保持和这些人的关系；做事情要留有余地，用部分心力做个善后考虑，这样可以提防意外变故。

三
宁静以致远，淡泊以明志

【原文】

栖守道德者，寂寞一时；依阿权势者，凄凉万古。达人观物外之物，思身后之身，宁受一时之寂寞，毋取万古之凄凉。

【译文】

一个坚守道德规范的人，虽然有时会遭受短暂的冷落，可那些依附权势的人，却会遭受永久的凄凉。大凡一个胸襟开阔的聪明人，能重视物质以外的精神价值，并且又能顾及死后的名誉，所以他们宁愿承受一时的冷落，也不愿遭受永久的凄凉。

静，是修身养性的重要原则，静如止水才能排除私心杂念，无识无欲，心平气和。水中月、镜中花不足为依，虚幻的东西不应以为动。情欲物欲到头来同样是一场空，故心境宜静，意念宜修，心地常空，不为欲动，宁静以致远，淡泊以明志。这时的心便是一尘不染的明镜，无邪念袭来，映人之本性。

1.宁受一时之寂寞，毋取万古之凄凉

《菜根谭》中说："栖守道德者，寂寞一时；依阿权势者，凄凉万古。达人观物外之物，思身后之身，宁受一时之寂寞，毋取万古之凄凉。"坚守道德准则的人，也许会寂寞一时，而依附权贵的人，却会有永远的孤独。心胸豁达宽广的人，考虑到死后的千古名誉，所以宁可坚守道德准则而忍受一时的寂寞，也绝不会依附权贵而遭受万世的凄凉。

扬雄字子云，蜀郡成都（今属四川）人，西汉著名文学家、哲学家。扬雄世代以农桑为业，"家产不过十金，乏无儋石之

储"，却能淡然处之。他口吃不能疾言，却好学深思，"博览无所不见"，尤好圣哲之书。扬雄"不汲汲于富贵，不戚戚于贫贱，不修廉隅以徼名当世"。

四十多岁时，扬雄游学京师。大司马车骑将军王音"奇其文雅"，召其为门下史。后来，扬雄被荐为待诏，以奏《羽猎赋》合成帝旨意，被任命为郎官，给事黄门，与王莽、刘歆并立。哀帝时，董贤受宠，攀附他的人有的做了两千石禄位

扬雄像

的大官。扬雄当时正在草拟《太玄》，泊如自守，不趋炎附势。有人嘲笑他"得遭明盛之世，处不讳之朝"，竟然不能"画一奇，出一策"，以取悦于人主，反而著《太玄》，使自己位不过侍郎，"擢才给事黄门"，何必这样呢？扬雄闻言，著《解嘲》一文，认为"位极者宗危，自守者身全"，表明自己甘心"知玄知默，守道之极；爱清爱静，游神之廷；惟寂惟寞，守德之宅"，绝不追逐势利。

王莽代汉后，刘歆为上公，不少谈说之士用符命来称颂王莽的功德，也因此受官封爵。扬雄不为禄位所动，依旧校书于天禄阁。

"道德"这个词听起来有点高不可攀，而仔细回味，却如吃饭穿衣，真切自然，它是人人应恪守的行为准则。在中国历史的发展过程中，人才辈出，大浪淘沙，真正有骨气的人，能恪守道德，甘于清贫，尽管贫穷潦倒，寂寞一时，终受人赞颂。

【原文】

毋因群疑而阻独见，毋任己意而废人言，毋私小惠而伤大体，毋借公论以快私情。

【译文】

不能因为大多数人的猜疑而影响自己独到的见解，不要固执己见而不听从别人的忠实良言，不要因为贪恋小的私欲而损害了大多数人的利益，不要借公众的舆论来满足自己的私欲。

141

【原文】

肥辛甘非真味，真味只是淡；神奇卓异非至人，至人只是常。

【译文】

烈酒、肥肉、辛辣、甘甜并不是真正的美味，真正的美味是清淡平和；行为举止神奇超群的人，不是真正德行完美的人，真正德行完美的人，其行为举止和普通人相同。

【原文】

附势者如寄生依木，木筱而寄生亦枯；窃利者如蝇虻盗人，人死而蝇虻亦灭。始以势利害人，终以势利自毙。势利之为害也，如是夫！

【译文】

依附权贵就像寄生藤依附大树，树木被砍伐后寄生藤也死了；盗取名利的人好像蝇虻叮人，人死了蝇虻也没了。最初用权势利益害人的人，最终会因权势利益而自我毁灭。这就是权势利益的害处！

《菜根谭》中说："肥辛甘非真味，真味只是淡；神奇卓异非至人，至人只是常。"意为烈酒、肥肉、辛辣、甘甜并不是真正的美味，真正的美味是清淡平和；行为举止神奇超群的人，不是真正德行完美的人，真正德行完美的人，其行为举止和普通人相同。

有一天，秋高气爽，太阳已至半空，庄子还高卧未醒。忽然门外车马喧闹，有人在小心地敲门。原来楚威王久仰庄子的大名，想把他招进宫中给予高位，既用其名，复用其才，以使自己达到争霸天下的目的。楚威王派了几位大夫充当使者，领着一队壮士，抬着猪羊美酒，带着千两黄金，驾着几辆驷马高车，浩荡而隆重地来请庄子去楚国当卿相。

半个时辰后，才见庄子出来。使者作揖赔笑，呈上礼物，说明来意，不料庄子仰天大笑，说："免了！免了！千金是重利，卿相是尊位，多谢你家大王。然而诸位难道没有瞧见过君王祭祀天地时充作牺牲的那头牛吗？想当初，它在田野里自由自在，只是它的模样生得端庄一点，皮毛生得光滑一点，就被人选入宫中，给予很好的照料，生活是好多了，然而正所谓'喂肥了再宰'。到时，牛的大限已到，当此关头，这头牛若想改换门庭，再回到昔日劳苦的生活境况中去，还有可能吗？还来得及吗？那么，去朝廷做官，与这头牛有什么差别呢？天下的君子，在他势单力孤、天下未定时，往往招揽海内英雄，礼贤下士，一旦夺得天下，便为所欲为，视民如草芥，对于开国功臣，则恐怕其功高震主，无不杀戮，正所谓'飞鸟尽，良弓藏；狡兔死，走狗烹'。你们说，去做官又有什么好结果？放着大自然的清风明月、荷色菊香不去观赏消受，偏偏费尽心机去争名夺利，岂不是太无聊了吗？"

几位使者见庄子对世情功名的洞察如此深刻，也不好再说什么，只得告退。其中一位使者如当头棒喝，看破数十年做官迷梦，就此决定回朝后上奏君王告老还乡。

庄子仍然过着洒脱的生活，登山临水，寻访故迹，欣赏景色，抒发感慨，盘膝而坐，冥思苦想，发为文章，在清贫中享受人生的快乐和尊严。

人们往往忽视平凡，不重视常见的东西。像鸡鸭鱼肉、山珍海味，固然都是极端美味可口的佳肴，但时间久了会令人觉得厌腻而难以下咽；粗茶淡饭，最益于身体，在一生之中最耐吃。绝俗超凡可以视为一种人生态度，有卓越的才华也是好事，但有作为的人，不应追求一时的功名。人只有在平凡之中才能保留纯真的本性，在平凡中显出英雄本色。

【原文】

纷扰固溺志之场，而枯寂亦槁心之地。故学者当栖心元默，以宁吾真体。亦当适志恬愉，以养吾圆机。

【译文】

纷扰繁杂的场所，容易使自己丧失心智，而过分冷清的场所，又容易使自己心如死水。所以学习的人应该在静处参悟自己的功过得失，在动处调节自己的情操，相得其所。

3. 志存高远，胸怀天下

佛教经典中说，佛法包括出世法、入世法和世间法。何为"世间法"？《菜根谭》的"居轩冕之中，不可无山林之气味，处林泉之下，须要怀廊庙之经纶"就是世间法。意为身居要职享受高官厚禄的人，要有山林之中淡泊名利的思想；而隐居山林清泉的人，要胸怀治理国家的大志和才能。可以说，《菜根谭》的智慧也在此体现出来。

【原文】

试思未生之前有何象貌，又思既死之后有何景色，则万念灰冷，一性寂然，自可超物外而游象先。

【译文】

试想一下没有出生之前哪里有什么相貌，再想想死了之后还有什么形象。那么原先所有的念头便会冷却消失，内心也会寂静显出本性，自然可以超然物外，悠游在物象之外。

范仲淹在短暂的人生中，曾任过地方长官和边防将领，也曾受过朝廷的重用任参知政事等职。他无论在中央还是在地方，都以天下为己任，以"先天下之忧而忧，后天下之乐而乐"（见范仲淹《岳阳楼记》）的豪言壮语来鞭策自己，"出将则安边却敌，入相则尊主庇民"（见郑元《文正书院记》），时刻关心国家大事和百姓疾苦。

明道元年（1032年），全国发生了严重的蝗虫和干旱灾害，江南、淮南、京东等地的情况最严重。范仲淹对此非常着急，便上书请求皇帝派遣使臣到各地去巡视，皇帝没有答复。于是他又单独求见皇帝，说："如果皇宫中半天没有东西吃，将会怎么样呢？"这句话引起了皇帝的同情，于是就任命范仲淹去安抚江南、淮南等地人民。范仲淹每到一地，就立即打开官仓救济灾民，还免了庐、舒二州的折役茶（向国家交纳一定数量的茶叶）和江东路的丁口盐钱（按丁口交纳的盐税钱），并归纳了能救治当时社会弊病的十项措施上呈皇帝。

景佑元年（1034年），宋仁宗命范仲淹出任苏州知州。范仲淹到苏州后，正遇上苏州涨大水，农田被淹，无法耕种，他立即领导民众疏通五河，准备将太湖水引出灌注入海。但是，当他招募许多民夫开始动工且未完工时，又被调任到明州。苏州转运使得知情况后，便奏请宋仁宗，请求留下范仲淹来完成这一工程，得到了宋仁宗的同意。完工后，范仲淹就被召回朝廷，提升为吏部员外郎、权知开封府。

康定元年（1040年），西夏李元昊举兵进攻宋朝边境。朝廷任命范仲淹为天章阁待制，担任永兴军知军，又改任陕西都转运使，随后又被提升为龙图阁直学士，充任陕西经略安抚、招讨使夏竦的副手。当时，延州（今陕西延安）周围

【原文】

荣宠旁边辱等待，不必扬扬；困穷背后福跟随，何须戚戚。

【译文】

荣耀恩宠加身时不要过分张扬，因为往往会伴生不好的事；穷困潦倒时也不要过于难过，因为好运往往跟着到来。

有许多寨子被西夏军攻破,范仲淹主动请求前往御敌。于是宋仁宗任命他为户部郎中兼延州知州。以前诏书上有分派边兵的规定:边境军队,总管统领一万人,钤辖统领五千人,都监统领三千人。每当遇到敌人来犯要进行抗御时,就由官职卑微的首先出战。范仲淹了解到这种情况后说:"不选择将领,而以官职高低来决定出战先后,这是自取失败的办法!"

于是他大规模检阅延州军队,共得一万八千人;他将这一万八千人分为六部,每位将军各领三千人,分部进行教习训练。遇敌人来犯,则看敌方人数多少,派各部轮换出战抵御。经过整顿的军队战斗力大大提高,打了许多胜仗。

范仲淹像

范仲淹治军有方,爱护士兵,常将朝廷赏赐给自己的黄金分送给戍边守关的将领。而且,对归顺的羌人推心置腹,诚意接纳,发展边境生产和贸易,因而博得边民对他的爱戴,称他为"龙图老子"。西夏军队吃了许多败仗,便不敢轻易侵犯他所管辖的边境。直到庆历三年(1043年)李元昊不得已与宋朝讲和,宋仁宗才又召回范仲淹,任命他为参知政事。范仲淹任参知政事时,向宋仁宗提出了厚农桑、减徭役、修武备、择长官等十项改革方案。

当时宋仁宗一心想治理出一个太平盛世，全部采纳了范仲淹的意见。可惜这些意见因保守派的反对而未能得以贯彻实施，但其对以后的改革变法有一定影响。

范仲淹一生生活俭朴，以治理国家大事为自己终生的职责，忧天下之忧，所以深受当时百姓和后人的敬重。

4. 持身不可太皎洁，与人不可太分明

中庸是中国古代一个至高的行为标准，它是哲学上讲的最合适的"度"。其核心要求是把握分寸，不过不及，是为人处世的最高境界。

正如《菜根谭》中所说："持身不可太皎洁，一切污辱垢秽要茹纳得；与人不可太分明，一切善恶贤愚要包容得。"立身处世不能过分洁身自好，对于一些污名秽语、羞辱委屈，要能适应容纳；与人相处不可把善恶分得太清，在一定程度上要懂得包容。

要知道，社会是一个大舞台，在这个舞台上，容纳着缤纷多姿、形形色色的人，并且不同的人扮演着不同的角色。其中，有君子、有小人、有善良、有丑恶等。这种真实的存在和自然的现象，我们必须客观地正视和面对。正如性格研究专家就人与人之间不同的性格比喻而言："世界上没有两片完全相同的树叶。"由于每个人所处的生活背景、教育状况、社会阅历及其自身性格等原因，所形成的差异是必然的。一个人如果要求与他交往的人都如美玉般纯洁无瑕，是极不现实的。

"持身不可太皎洁，与人不可太分明"是一种处世哲学，以一种宁静以致远而蕴含着中庸哲学的重要思想。就为人处世来说，一个人要懂得包容，不能容不下一点污名秽语，也不要把善恶分得太清。水至清则无鱼，持身太洁，不讲包容，既很难与人相处，也会搅乱自己的心性。

生活的空间里圣洁与污浊并存，善良与丑恶同在。要想

【原典】

忧勤是美德，太苦则无以适性怡情；淡泊是高风，太枯则无以济人利物。

【译释】

尽心尽力去做事本来是一种很好的美德，但是过于认真心力交瘁，使精神得不到调剂就会丧失生活乐趣；把功名利禄看得淡本是一种高尚的情操，但是过分清心寡欲而冷漠，对社会大众也就不会有什么贡献了。

做德才兼备、成就大事的君子，就必须有清浊并容的雅量和气度，宽宏大量，善于同形形色色的人交往，取其长处，避其之短，不可对别人苛刻或有过高的要求。这样才能避免浮躁和喧嚣，保持内心的平静和淡泊，明确自己的目标和方向，最终实现远大的梦想和抱负。

宋太宗时期，宰相吕蒙正说过："水若过清则鱼不留，人若过严则人心背。"

吕蒙正素以不与人计较而出名。他刚任宰相时，有一位官员在帘子后面指着他对别人说："这小子也配当宰相吗？"

吕蒙正假装没听见，大步走了过去。其他官员为他深感不平，准备将此人查问出来，吕蒙正知道后，急忙阻止了他们。

散朝后，那些官员还是愤愤不满。吕蒙正却对他们说："人无完人，他们说我一些不好的话也没什么，谁能保证自己就没过失呢？或许我的确有哪儿做得不好。再说，如果知道了他的姓名，一辈子都得耿耿于怀，多不好啊！所以千万不要再去查问了。况且，说这几句对我并没有什么损失呀。"人们都佩服他气量大。

可以说，持身不可太皎洁，是宜群合众；污辱垢秽要茹纳得，是谦恭适应；善恶贤愚能适度包容，是雅量高风。只有领悟这样的中庸之道，才能与他人和谐共处，赢得尊敬，化解怨恨。如此，可以使我们生活得更美好。

四
能屈能伸，能进能退

【原文】

藏巧于拙，用晦而明，寓清于浊，以屈为伸，真涉世之一壶、藏身之三窟也。

【译文】

一个人再聪明也不宜锋芒毕露，不妨装得笨拙一点；即使非常清楚明白也不宜过于表现，宁可用谦虚来收敛自己；志节很高也不要孤芳自赏，宁可随和一点；有能力时也不宜过于激进，宁可以退为进。这才是真正安身立命、高枕无忧的处世法宝。

功业之成败，在于进，也在于退。能伸能屈、能上能下、能进能退者方可成大事。达则兼济天下，穷则独善其身。进居庙堂之高，退处江湖之远，都能挥洒自如，得其所哉。在此，《菜根谭》告诉我们，如何伸，怎样屈；何时当一往无前、义无反顾，何时应挂冠归去；更告诉我们那些取得功业成就的基本要素、方法技巧和正确心态。

1. 藏巧于拙，以屈为伸

《菜根谭》中说："藏巧于拙，用晦而明，寓清于浊，以屈为伸，真涉世之一壶、藏身之三窟也。"意即一个人再聪明也不宜锋芒毕露，不妨装得笨拙一点；即使非常清楚明白也不宜过于表现，宁可用谦虚来收敛自己；志节很高也不要孤芳自赏，宁可随和一点；有能力时也不宜过于激进，宁可以退为进，这才是真正安身立命、高枕无忧的处世法宝。

南朝刘宋王朝开国皇帝宋武帝刘裕临死托孤给司空徐羡之、中书令傅亮、领军将军谢晦、镇北将军檀道济，并告诫太子刘义符，在这些人中，最难驾驭的是谢晦，对他要特别小心。

刘裕是有作为、有见识的开国皇帝。不幸的是，他一没有选好继承人，二没有正确估计这几位顾命大臣。

刘裕死后，其长子刘义符即位，史称营阳王。

刘裕的次子名义真，为南豫州刺史，受封庐陵王。

刘裕的第三个儿子名义隆，受封宜都王，即后来的南朝宋文帝。

刘义符做上皇帝后，不遵礼法，行为荒诞得令人啼笑皆非。

徐羡之在刘义符即位两年后，准备废掉刘义符另立皇帝。本来按刘义符的行为，废掉他是理所应当的。但徐羡之等人因为怀有私心，贪恋权位，谋权保位，竟把事情做绝，埋下了杀身之祸。要废掉刘义符，就得选别人来接皇

【原文】

我果为洪炉大冶，何患顽金钝铁之不可陶熔？我果为巨海长江，何患横流污渎之不能容纳？

【译文】

我如果真正是大熔铁炉和冶铁大师，还怕什么顽铜锈铁不能熔铸吗？假如我真有如长江大海一样宽广的胸怀，还有什么小溪流脏水沟不能包纳，还有什么个人成见不能忘却呢？

帝的班。按顺序该是刘义真，但刘义真和谢灵运等人交好，谢灵运则是徐羡之的政敌。为了不让刘义真当上皇帝，徐羡之等人挖空心思，先借刘义符的手将刘义真废为庶人。接着，徐羡之、傅亮、谢晦、檀道济、王弘五人合力发动政变，废掉了刘义符，以皇太后的名义封刘义符为营阳王。

更糟糕的是，还没等新皇帝即位，徐羡之和谢晦竟主谋先后将刘义符、刘义真杀死。他们拥立的新皇帝是刘义隆，而刘义隆面临的是控制朝廷大权、杀死自己两个哥哥的几个主凶。

新皇帝当时正在江陵郡（治所在今湖北江陵），徐羡之派傅亮等人前往迎驾。徐羡之这时又藏了个心眼，恐怕新皇帝即位后将镇守荆州重镇的官位给他人，赶紧以朝廷名义任命谢晦做荆州刺史、行都督荆湘七州诸军事，想用谢晦做自己的外援，于是将精兵旧将全都分配给了谢晦。

刘义隆面临着是否回京城做皇帝的选择。听到营阳王、庐陵王被杀的消息，刘义隆部下不少人劝他不要回到吉凶莫测的京城。只有司马王华精辟中肯地分析了当时的形势，说：徐羡之、谢晦等人不会马上造反，只不过怕庐陵王为人精明严苛，将来算旧账，才将他杀死。现在他们以礼来相迎，正是为了讨你欢心。况且徐羡之等五人同功并位，谁也不肯让谁，就是有谁心怀不轨，也因其他人掣肘而不敢付诸行动。殿下只管放心前往做皇帝吧！

于是刘义隆带着自己的属官和卫兵前往建康，果然顺利地做了皇帝，但朝廷实权仍在徐羡之等人手中。

刘义隆先升徐羡之等人的官，徐羡之进位司徒；王弘进位司空；傅亮加"开府仪同三司"，即享受和徐羡之、王弘相

【原文】

十语九中未必称奇，一语不中，则愆尤骈集；十谋九成未必归功，一谋不成则訾议丛兴。君子所以宁默毋躁、宁拙毋巧。

【译文】

十句话有九句都说得很正确，未必有人称赞你，但是如果有一句话没说对，那么就会受到众多的指责；十个谋略有九次成功，人们不一定把功劳给你，但是如果有一次谋略失败，那么批评、责难之声便纷至沓来。这就是君子宁可保持沉默也不浮躁多言，宁可显得笨拙也不显露机巧的缘故。

同的待遇；谢晦进号卫将军；檀道济进号征北将军。同时认可徐羡之任命的谢晦做荆州刺史。谢晦害怕刘义隆不让他离京赴任，但刘义隆若无其事地放他出京赴荆州。谢晦离开建康时，以为从此没有危险了，回望石头城说："今得脱危矣。"

刘义隆当然也不动声色地安排了自己的亲信，官位虽不高，但侍中、将军、领将军等要职都由他的亲信充任，从而稳定了自己的皇位。

第二年，即宋文帝元嘉二年（425年）正月，徐羡之、傅亮上表归政，即将朝政大事交由宋文帝刘义隆处理。徐羡之假意请求离开官场回府养老，但几位朝臣认为这样不妥，徐羡之又留下了。后人评论认为，这几位主张挽留徐羡之继续做官的人，实际上加速了徐羡之的死亡。

当初发动政变的五个人中，王弘一直表示自己没有资格做司空，推让了一年，刘义隆才准许他不做司空，只做车骑大将军、开府仪同三司。

直到这一年年底，宋文帝刘义隆才准备铲锄徐羡之等人。因惧怕在荆州拥兵的谢晦造反，先声言准备北伐魏国，调兵遣将。在朝中的傅亮察觉出事情不对头，即写信给谢晦通风报信。

宋文帝元嘉三年（426年），刘义隆在动手之前，先通报情况给王弘，又召回檀道济，认为这两个人当初虽附和过徐羡之，但没有参与杀害刘义符、刘义真的事，应区别对待，并准备利用檀道济带兵去征讨准备在荆州叛乱的谢晦。

元嘉三年（426年）正月，刘义隆准备就绪后，发布诏书，治徐羡之、傅亮擅杀两位皇兄之罪，同时宣布了对付可能叛乱的谢晦的军事措施。就在这一天，徐羡之逃到建康城外二十里的一个叫新林的地方，在一陶窑中自缢而死。傅亮也被捉住杀死。谢晦举兵造反，先小胜而后大败，在逃亡路上被活捉，后被杀死。

至此，宋文帝刘义隆由藩王而进京做上皇帝，由有名位无实权到名副其实，最后顺利除掉了杀"二王"的一伙权臣。

做人不必过于暴露锋芒，要善于韬光养晦，男子汉大丈夫能屈能伸，方能成就大业。以守为攻，以退为进，同样能把主动权掌握在手里，胜券在握。因此，潜藏不露才是人生的真正智慧。

【原文】

士君子之涉世，于人不可轻为喜怒，喜怒轻，则心腹肝胆皆为人所窥；於物不可重为爱憎，爱憎重，则意气精神悉为物所制。

【译文】

注重修养的读书人经历世事，做人不可轻易流露喜怒之色，喜怒随意外露就会使自己的内心肝胆都被人所窥见；处事不可以太重感情而产生爱憎，爱憎过重就会使自己的意志精神全被外物所辖制。

2. 能屈能伸才是真英雄

《菜根谭》言："苦心中，常得悦心之趣；得意时，便生失意之悲。"是说任何事情都是发展变化的，苦悲可以转化，得失不是永恒。在这样的情况下，要看主观上用什么态度对待人生。人间悲苦是无情的，用这种心境来看待人生，那耳目所触尽是悲苦，就容易使人产生悲观思想，甚至酿成悲剧。人生本来就是多灾多难的，但是我们必须征服这种苦难，绝对不可悲观失望。

重庆有一家纺织厂，经济效益不好，工厂决定让一批人下岗。在这批下岗人员里有两位女性，她们都是四十岁左右，一位是大学毕业生，工厂的工程师，另一位则是普通女工。就学历而论，这位工程师无疑超过了那位普通女工，然而，她们下岗后的态度却大不一样。

学历高的女工程师下岗了！这成了全厂的一个热门话题，人们纷纷议论着。女工程师对人生的这一变化深怀怨恨。她愤怒过，骂过也吵过，但都无济于事。因为下岗人员的数目还在不断增加，别的工程师也开始下岗了。

【原文】

苍蝇附骥，捷则捷矣，难辞处后之羞；莴萝依松，高则高矣，未免仰攀之耻。所以君子宁以风霜自挟，毋为鱼鸟亲人。

【译文】

苍蝇附在良马的屁股上，也能一日千里，但最终还是人家的功劳，自己不过是跟屁虫。莴萝依附在松树的身上，虽然也能处凌云之高，却不过是仰攀人家，不能自主。所以，君子固守高尚的品德，以清高自名，是不会放弃原则、为了名利而攀附权贵的。

尽管如此，她的心里仍不平衡，始终觉得下岗是一件丢人的事。她整天闷闷不乐，不愿出门见人，更没想到要努力奋斗做点事情，重新开始自己的人生，孤独、忧郁充斥着她的内心，她本来血压就高，身体弱，没过多久，就带着忧郁和孤寂离开了人世。

另一位普通女工的心态却大不一样，她很快就从下岗的阴影里走出来了。她想，别人既然能生活下去，自己也能生活下去。她的内心少了些许抱怨和焦虑，平心静气地接受了现实。在亲戚朋友的支持下，她开了一个小小的火锅店。由于她全力以赴地投入到这项工作中，火锅店的生意十分红火，仅一年多，她就还清了借款。现在她的火锅店规模已扩大了几倍，成了山城里小有名气的餐馆，她也因此过上了更好的生活。

一个是智商高的工程师，一个是智商一般的普通女工，她们都曾面临同样的困境——下岗，那为什么下岗之后她们的命运却迥然不同呢？原因就在于她们各自的态度不同。

人不能因为一时的得失来评判自己的一生，不能因一时的苦乐而放弃人生的奋斗。能屈能伸才是真英雄！

3. 大器晚成也堪用

《菜根谭》中说："桃李虽艳，何如松苍柏翠之坚贞？梨杏虽甘，何如橙黄橘绿之馨冽？信乎，浓夭不及淡久，早秀不如晚成也。"意为桃李的花朵虽然鲜艳，但怎么能比得上苍松翠柏的坚强不屈？梨杏的果实虽然甘甜，但怎么能比得上

【原文】

士人有百折不回之真心，才有万变不穷之妙用。立业建功，事事要从实地着脚，若少慕声闻，便成伪果；讲道修德，念念要从虚处立基，若稍计功效，便落尘情。

【译文】

士人要有百折不回的真心，才会有变化无穷的妙用。建功立业，事事脚踏实地，如果稍微有博取声名的念头，就成了虚伪的人；讲道修德，一心一意，以不图功利为基点，如果稍微计较功利，就成了庸俗的事情。

黄橙绿橘蕴涵的芬芳？确实如此，浓烈却消逝得快还不如清淡而维持得长久，少年得志还不如大器晚成。

戴震（1723—1777年），字慎修，又字东原，安徽休宁隆阜（今黄山市）人。他是我国18世纪杰出的大学问家、思想家和教育家，长于考据、训诂、音韵，为清代考据学派的重要代表人物。

戴震的祖父和父亲都是大字不识的小贩，而且他们的生意本小，赚的钱难以养家糊口。戴震稍长时，在乡从塾师学习。有了学习机会，他十分珍惜，学习时又十分刻苦，并且勤学好问，善于独立思考。

戴震青少年时，由于家庭生活困难，不得不放弃上学机会，肩挑小货担，出外做些小买卖。在做小商贩的行途中，他一有机会就拿起书本，边走边看，边看边诵，边诵边记。往往出门做一回生意，就要背诵数页书。就这样，他对《十三经注疏》了如指掌。

戴震虽然过着相当艰苦的生活，但总忘不了读书。后来，他随父做生意客居南丰，在这里，他开始"课学童于邵武"。他一边任教童蒙学馆以维持生活，一边努力读书，研究学问，故经学日益长进。二十岁时，他结识了当时著名的学者江永，即受学于江氏门下。近四十岁时，他参加乡试并中举，从此生活才安顿下来。

尽管戴震成了举人，但在后十余年里，却屡试不第，只好以教书为业。他五十岁时曾主讲于浙东金华书院，被钱大昕称为"天下奇才"，推荐给尚书秦蕙田协助修《五经通考》。后会试不第，

【原文】

身不宜忙，而忙于闲暇之时，亦可偿惕情气；心不可放，而放于收摄之后，亦可鼓畅天机。

【译文】

身体不应该太繁忙，但在休息闲暇之时适当忙一忙，可以防止产生惰性；思想不能太放松，但在高度紧张过后适当放松，则能使人体的机能得到休息调养，充满活力。

他应直隶总督方观承之聘，修《直隶河渠志》，而后又游山西，讲学于寿阳书院，修《汾州府志》和《汾阳县志》。乾隆三十八年（1773年），清政府开四库馆，由《四库全书》总编纪昀等人引荐，他奉诏入四库馆为纂修官。乾隆四十年（1775年），戴震奉命与当年贡士同赴殿试，赐同进士出身，授翰林院庶吉士。他在馆五年间，主要工作是校书，除《仪礼集释》《大戴礼记》外，还校有《九章算术》《海岛算经》《孙子算经》《五曹算经》《夏侯阳算经》等，对中国古算学的恢复与发展做出了贡献。五十五岁时，他因积劳过度而病逝。

人到晚年，固然有夕阳黄昏之叹，但"老当益壮""老骥伏枥"之雄心更显得辉煌。人的一生，如果没有精神追求，即使正当少年，又有何用？

有精神追求和理想抱负，即使在老年也生机勃勃，又何来"徒伤悲"之叹呢？

五
得福而不忘形，持性而不惧法

得福而不忘形，持性而不惧法。不费尽心机，不为无所谓的名利所诱惑，泰然自若，怡然自得，这就可以主宰生死与名利，无往而不乐了。

1. 快意时早回首，拂心处莫放手

《菜根谭》中说："恩里由来生害，故快意时须早回首；败后或反成功，故拂心处莫便放手。"意为在得到恩惠时往往会招来祸害，所以在得心快意的时候要想到早点回头；在遇到失败挫折时或许反而有助于成功，所以在不如意的时候不要轻易放弃追求。

孙武在历史上的主要事迹发生在吴国。孙武到达吴国之时，吴国正值多事之秋。吴王阖闾是位胸有大志、意欲有所作为的君主。他想使吴国崛起，首要的打击目标就是近邻也是强邻楚国。只有打击了楚国，吴国才有出头之日。就这样，阖闾的意图与受到楚平王迫害从而全家被杀的伍子胥不谋而合，遂决意对楚一战。面对强大的楚国，伍子胥并没有必胜

【原文】

恩里由来生害，故快意时须早回首；败后或反成功，故拂心处莫便放手。

【译文】

被垂恩重用往往会招来祸患，所以一个人得意时应"见好就收"、急流勇退；挫折和失败反而使人走上成功之路，因此遭受不如意的打击时，千万不可放弃。

的把握，于是他找到了隐居于吴国的孙武，认为有了他的帮助，灭楚报仇不成问题。

就这样，伍子胥先后七次向吴王阖闾推荐孙武，盛赞孙武之文韬武略，认为若不攻楚便罢；若要兴师灭楚，孙武首当其选。

终于，吴王决定召见孙武。晤谈之下，孙武将他的兵法十三篇与吴王娓娓道来。吴王阖闾是个明白人，一闻之下连声道好。两人越谈越投机，不知不觉十三篇兵法都讲完了。吴王阖闾礼敬孙武，下决心用孙武为将，筹备伐楚。

阖闾九年（公元前 506 年），楚国派兵包围了蔡国都城上蔡。蔡人拼命抵抗，并联合唐国，向吴国求救。

于是，这年冬天，吴王以孙武、伍子胥为将，其弟夫概为先锋，亲率大军进攻楚国。按照孙武的筹划，大军六万乘船从水路直抵蔡都，楚将囊瓦见吴军势大，不敢迎敌，慌忙退守汉水南岸，蔡围遂解。蔡、唐遂与吴军合兵一处，向楚

【原文】

爽口之味，皆烂肠腐骨之药，五分便无殃；快心之事，悉败身散德之媒，五分便无悔。

【译文】

可口的山珍海味，多吃便等于伤害肠胃的毒药，如果只吃五分饱便不会受到伤害；令人满足如意的事情，也是引诱人走向身败名裂的媒介，而只享受五分便不至于追悔莫及。

国进发。

　　吴军迅速通过大隧、直辕、冥关这三个险要的关隘，如神兵自天而降，突然出现在汉水北岸。楚军统帅囊瓦乱成一团，攻守不定。先听人献计分兵去烧吴师舟楫，主力坚守不出，后又下令渡江决战。于是率三军渡过汉水，于大别山列阵以待吴军。孙武令先锋队勇士三百余人，一概用坚木做成的大棒装备起来，一声令下，先锋队杀入楚阵挥棒乱打，这种非常规的战法令楚军措手不及，阵势大乱，吴军大队掩杀过来，楚军大败。

　　初战得胜，众将皆来相贺。孙武却说："囊瓦乃斗屑小人，一向贪功侥幸，今日受小挫，可能会来劫营。"乃令吴军一部埋伏于大别山楚军进军必经之路，又令伍子胥引兵五千，反劫囊瓦营寨，并令蔡、唐军队分两路接应。

　　再说囊瓦那边，果然派出精兵万人，人衔枚、马去铃，从间道杀出大别山，来劫吴军大营。不用说，楚军此番劫营反遭了孙武的埋伏，被杀得丢盔弃甲，三停人马去了两停。好不容易脱难逃回，营寨又让吴军劫了，只好引着败兵一路狂奔，到柏举方才松了一口气。这时楚王派来了援兵，可援兵将领与囊瓦不和，各怀二心，结果被吴军先锋夫概一阵冲杀，囊瓦军四散逃命，囊瓦本人也逃到郑国去了。

　　这时吴军已进逼楚都郢城。楚昭王倾都城之兵出战。两军最后决战，孙武设计用奇兵大败楚军。吴军直捣郢都。郢都为楚国多年营建，城高沟深，易守难攻，又有纪南城和麦城成掎角之势，要想占领楚都，夺取最后胜利，并不是一件容易的事。孙武也深知攻城之难，在他的兵法里将之归为下下之策，若是旷日持久陈兵于坚城之下，纵使有天大的本领

【原文】

　　居逆境中，周身皆针砭药石，砥节砺行而不觉；处顺境内，满前尽兵刃戈矛，销膏靡骨而不知。

【译文】

　　一个人如果生活在逆境中，身边所接触到的全是犹如医治自身不足的良药，就在不知不觉中磨炼了人的意志和品德；一个人如果生活在顺境中，就等于面前布满了看不见的刀枪戈矛，在不知不觉中消磨了人的意志，使人走向堕落。

也难逃覆灭的下场。孙武艺高人胆大，把全军一分为三，一部分攻麦城，一部分攻郢都，他自领一军攻纪南城。伍子胥不负众望，率先使计让吴军混在楚军的败军之中进入麦城，打开城门，破了麦城。而孙武在攻城之前先察看了地形，见漳江水势颇大，而纪南城地势较低，于是令军士开掘漳水，引漳水入赤湖，又筑起长堤围住江水，使江水从赤湖直灌纪南城。水势浩大，直接郢都，纪南城不攻自破，孙武率军乘筏直攻郢下。楚昭王连夜登舟弃城逃命，文武百官如鸟兽散，连家眷都顾不得了。孙武伐楚至此大获全胜。

此次伐楚，虽然没能最终灭掉楚国，但强大的、一直令中原诸国寝食不安的楚国，这次居然被向来为人所看不起的吴国攻破国都，这件事本身就够震惊天下的了。从此楚国一蹶不振，难有作为，吴国则开始了它的霸主生涯。

破楚凯旋，论功当然孙武第一，但是孙武非但不愿受赏，而且执意不肯再在吴国掌兵为将，决心归隐山林。吴王心有不甘，再三挽留，孙武仍然执意要走。吴王乃派伍子胥去劝说，孙武见伍子胥来了，遂屏退左右，推心置腹地对伍子胥说："你知道自然规律吗？夏天去了冬天则要来，吴王从此会仗着吴国之强盛四处攻伐，当然会战无不胜，不过从此骄奢淫逸之心也就冒出来了。要知道，功成身不退，将后患无穷。现在我不但自己隐退，还要劝你也一道归隐。"

可惜伍子胥并不以孙武之言为然。孙武见话不投机，遂告退，从此飘然隐去，不知所终。

后来，果如孙武所料，吴王阖闾与夫差两代穷兵黩武，不恤国力，最后养虎遗患，栽在越王勾践手下，身死国灭。而不听孙武劝告的伍子胥早在吴国灭亡之前就被吴王夫差摘

【原文】

毋忧拂意，毋喜快心，毋恃久安，毋惮初难。

【译文】

不要为不合心意的事感到忧心忡忡，不要对高兴的事欣喜若狂，对长久的安定不要过于依赖，对开始遇到的困难不要因畏惧害怕而裹足不前。

下头颅挂在了城门上。

得意时早回头，失败时别灰心，这是人们长期积累的经验之谈。人们由于贪恋名利而没有选择功成身退，往往会招致身败名裂的悲剧下场。而从做人的角度看，得意时更要谨慎，不骄不躁。至于后一句话，其意义更明显，所谓失败乃成功之母，一个人不受挫折是不可能的，关键是受了挫折不要气馁。

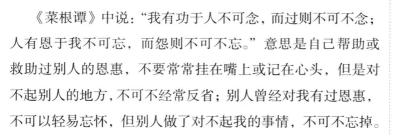

2. 忘怨忘过，念功念恩

《菜根谭》中说："我有功于人不可念，而过则不可不念；人有恩于我不可忘，而怨则不可不忘。"意思是自己帮助或救助过别人的恩惠，不要常常挂在嘴上或记在心头，但是对不起别人的地方，不可不经常反省；别人曾经对我有过恩惠，不可以轻易忘怀，但别人做了对不起我的事情，不可不忘掉。

待人有功，不必张扬炫耀；但如有过错，则应当严加自责。人家有恩于我，虽滴水之恩，也当涌泉相报；而人家得罪于我，冒犯于我，则应当宽以释怀。这是一种超越自我、完善自我的态度。在这方面，李世民为我们树立了榜样。

贞观二十二年（648年），李世民预感到自己在世的日子不多了，于是作了《帝范》十二篇赐给太子。他说："修身立德，治理国家的事情，已经全在里面了。我有何不测，这就是我的遗言。除此以外，就没有什么可说的了。"太子接到《帝范》，非常伤心，泪如雨下。李世民说："你更应当把古代的圣人们当作自己的老师，你若只学我，恐怕连我也赶不上了。"

【原文】

我有功于人不可念，而过则不可不念；人有恩于我不可忘，而怨则不可不忘。

【译文】

自己帮助或救助过别人的恩惠，不要常常挂在嘴上或记在心头，但是对不起别人的地方不可不经常反省；别人曾经对我有过恩惠，不可以轻易忘怀，但别人做了对不起我的事情，不可不忘掉。

太子说道："陛下曾叫臣到各地视察，了解民间疾苦。臣所到的地方，百姓都在歌颂陛下宽仁爱民。"李世民说道："我没有过度使用民力，百姓受益很多，因为给百姓的好处多、损害少，所以百姓才不抱怨，但比起尽善尽美来，还差得远呢！"他又告诫太子说："你没有我的功劳而要继承我的富贵，只有好好干，才能保住国家平安，若骄奢淫逸，恐怕连你自己都保不住。一个政权建立起来很难，而要败亡，那是很快的事；天子的位子，得到它很难，而失掉它却很容易。你一定得爱惜，一定得谨慎啊！"

【原文】

毋偏信而为奸所欺，毋自任而为气所使，毋以己之长而形人之短，毋因己之拙而忌人之能。

【译文】

一个人不要误信他人的片面之词，而被那些奸诈的小人所欺骗，也不要自以为绝对正确而被一时的意气所驱使；不要仰仗自己的长处来比较人家的短处，不要因自己的笨拙而嫉妒别人的才能。

唐太宗李世民像

太子李治叩着头说："陛下的教诲臣定当铭记在心，绝不让陛下失望。"李世民说："你能这样想，我也就没有什么不放心的了。"唐太宗教育太子要宽仁待人，报民众拥戴之恩，同时要念自己的过错，并不断地调适自己，端正行为。这种博大的心胸，严于律己、宽以待人的精神，堪称楷模。

一个有修养的人不同于一般人的地方，首先在于其待人的恩怨观是以恕人克己为前提的。一般人总是容易记仇而不善于怀恩，因此有"忘恩负义""恩将仇报""过河拆桥"等说法，而古之君子却有"以德报怨""涌泉相报""一饭之恩，终身不忘"的美德。为人不可斤斤计较，少想别人的不足、别人待我的不是；别人于我有恩有劳应牢记于心。人人都这样想，人际关系就和谐了，世界就太平了。用现在的话讲，多看别人的长处，多记别人的好处，矛盾就容易化解。

3. 毋形人短，不恃己长

《菜根谭》云："毋偏信而为奸所欺，毋自任而为气所使；毋以己之长而形人之短，毋因己之拙而忌人之能。"意为不要盲目听信他人的言辞而被那些奸邪小人所欺骗，也不要自以为绝对正确而被一时的意气所驱使；不要用自己的长处来比较人家的短处，也不要因为自己的笨拙而嫉妒人家的才能。

三国初期，盘踞汉中地区的汉宁太守张鲁打算夺取西川，扩大势力，好登上"汉中王"的宝座。益州牧刘璋急派别驾张松到许都向曹操求援。张松走时，除携带一批准备献给曹操的金银珍宝以外，还暗地藏了一幅西川的地形详图。由于刘璋糊涂而又懦弱，当时川中的有识之士都感到在群雄竞争的形势下，刘璋绝对不能保住西川，因此不少人都有另投靠山的打算。张松借出使的机会，带着这幅极有价值的军事地图，就是出于这种打算。

张松一行到了许都，被安顿在驿馆里，等了三天才得到接见的通知，心中有些不高兴。而且丞相府的上下侍从都公开索贿才肯引见，这使得张松更是摇头叹息。曹操傲慢地接受了张松的拜见礼，然后责问："你的主人刘璋为什么这几年都不来进贡？"张松巧妙地解释："因为道路艰难，贼寇又多，常常拦路抢劫，不能通过。"曹操大声呵斥说："我已扫清中

【原文】

救既败之事者，如驭临崖之马，休轻策一鞭；图垂成之功者，如挽上滩之舟，莫少停一棹。

【译文】

欲挽回败局，要像驾驭靠近悬崖的马车一般，不能轻易再驱策一鞭，否则就有可能葬身谷底。马上要成功的事情，也不能有丝毫马虎，这就像行驶在滩上的船，少一棹的力气都会滑回水中，前功尽弃。

原地区，哪里还有什么贼寇？分明是捏造借口。"

张松是西川有名的人物，生得头尖额高，鼻低齿露，身长虽不满五尺，但嗓音洪亮，说话有如铜钟之声。他读书很多，有超人的见解，以富有胆识闻名。自来许都后，遭到慢待，心中早已不快；今天又见曹操这般蛮横，便断了投奔他的念头，决心教训他一番。曹操刚讲完话，张松嘿嘿一笑，说："目前江南还有孙权，北方存在张鲁，西面站着刘备，他们中间拥有军队最少的也有十余万人，这算得上太平吗？"

这一段抢白顿时使曹操窘得说不出话来。曹操一开始见到张松，觉得他个子小面孔怪，已有五分不喜欢，现在又被他言语冲撞，很不高兴，于是一甩袖子，起身转进后堂去了。

曹操左右的人纷纷责怪张松无礼，不该这样顶撞曹操。张松冷笑一声，说："可惜我们西川没有会说奉承讨好言辞之

【原文】

此心常看得圆满，天下自无缺陷之世界；此心常放得宽平，天下自无险测之人情。

【译文】

如果自己内心是圆满善良的，那么世界也会变得美好而没有缺陷；如果自己内心是宽大仁厚的，那么世界也会是一个没有阴险诡计的境地。

人！"这句话说出来不打紧，立即招来一声大喝："你们西川人不会奉承讨好，难道我们就有这样的人吗？"张松转眼一看，这人生得淡眉细眼，貌白神清，原来是丞相门下的掌库主簿杨修。张松过去听说过他是朝廷太尉杨彪的儿子，博学善辩，不觉有心难他一难。杨修也一向自命不凡，发现张松不是一般人物，就邀请张松到旁边书院里会上一会。

两人坐定后，杨修略作寒暄，说："出川的道路崎岖，先生远来一定很辛苦。"

张松表示："奉主人的命令办事，虽赴汤蹈火，也不能推却啊！"

杨修存心考考张松的知识，便问："川中的风土民情怎样？"

张松察觉对方的用意，便回答："川中原是西方一郡，古时称为益州。锦江道路险峻，剑阁地势雄壮。周围百八十条道路，纵横三万多里。人烟稠密，到处听得到鸡啼狗叫的声音。市场繁荣，抬头看得到四通八达的街巷。土地肥沃，没有什么水旱灾害。人民富裕，文化发达。加之物产堆积如山，是任何地方都比不上的啊！"

杨修接着又询问一句："川中的人才怎么样？"

张松越加得意地说："西川历史上出现过大辞赋家司马相如、名将马援、'医圣'张仲景和著名阴阳家严君子。其他出类拔萃的人才，数也数不完！"

杨修逼近一句："那么当今刘璋手下，像你这样的人还有几个？"

张松一耸肩说："文武全才、有智有勇、为人忠义慷慨的，有几百人之多。像我这样无能的，更是车载斗量，难以计算了。"

【原文】

处世而欲人感恩，便为敛怨之道；遇事为人除害，即是导利之机。

【译文】

处心积虑要让人感恩，潜意识中便有一种极度自私的念头，以这样的心态做事情，怎么不会积怨于人呢？危机当头，要多考虑为人解难，这一念善既利于他人，最终也会对自己有利。

【原文】

人之短处，要曲为弥缝，如暴而扬之，是以短攻短；人有顽固，要善为化诲，如忿而嫉之，是以顽济顽。

【译文】

当我们发现了别人的缺点时，要委婉地为人家掩饰，如果故意暴露宣扬，就是证明自己的无知和缺德，是用自己的短处来攻击别人的短处；对于别人的执拗，要善于诱导教诲劝解，如果因为他的固执己见而忿愤或讨厌他，不仅不能使他改变固执，同时还等于用自己的固执来强化别人的固执。

杨修又问一句："先生现在担任什么职务？"

张松谦虚地回答说："滥充一名别驾，很不称职。"接着迅速反问："敢问杨先生在朝廷里担任什么职务？"

杨修回答说："在丞相府里担任一名主簿。"

张松不客气地反扑过来："杨先生的上代担任国家高级官员，为什么不到朝廷里任职，直接协助皇帝，而屈居在丞相府里做这样一个小官？"

杨修听了这话，满脸惭愧，硬着头皮勉强解释说："我虽然职位不高，但蒙丞相将处理军政钱粮的重任交付给我，而且早晚还可以得到丞相的教诲，很受启发，所以就接受了这个职位。"

张松听到这句话，干笑一声说："我听说曹丞相文的方面不明白孔孟之道，武的方面不了解孙武、吴起的兵法，仅仅依靠强横霸道取得宰相的高位，哪有什么教诲来启发阁下呢？"

杨修一本正经地说："不对，先生居住在边地，怎么知道丞相的杰出才干呢？我不妨让你开开眼界。"说着，叫手下人从书箱里拿出一卷书来，递给张松。张松一看书名题作《孟德新书》，于是从头到尾翻了一遍，其中共有十三篇，都是谈论战争中的重要策略的。谁知张松看完，颇有些不以为然地对杨修说："杨先生怎样看待这部书呢？"

杨修不无炫耀地回答："这是曹丞相博古通今，模仿十三篇《孙子兵法》写成的。你看这部书可以传之不朽吗？"

张松竟扬声笑了起来："我们西川三尺高的孩子都能把这部书背下来，怎能叫'新'呢！这原是战国时代一位无名氏的作品，曹丞相把它剽窃来表现自己，这只能骗骗阁下罢了！"

杨修不无嗔怪地说："这完全是丞相自己写成的，先生说什么川中的孩子都能背诵，欺人太甚了吧？"

不料张松立即应声说："先生如果不相信，我马上背给你听。"说着，即合起书来，从头到尾将书中全部字句背诵了一遍，一字不差。杨修这时才大吃一惊，说："张先生过目不忘，真是天下奇才啊！"

后来，杨修在曹操面前夸赞张松，要求重新接见他。但双方的观点差距太大，张松又讽刺了曹操一顿，然后离开许都，把身上带着的那张十分有价值的地图献给了刘备。

曹操一辈子都在搜罗人才，却因自己一时的骄矜之态而助了他人一臂之力。

生活中常见有些人由于有些能力，就很自信，往往瞧不起不如自己的人，以致目无一切。人过于自信就容易偏信，傲以待人便目中无人，这样意气用事，被人利用，妒人之能却难自知。一个修养好的人具备公正、无私、诚恳、同情的品性，而偏袒、自私、欺骗、嫉妒则往往在修养较差的人身上体现出来。人有本领、能力强是好事，但如果由此而养成许多恶习，便变成了坏事。

【原文】

不责人小过，不发人阴私，不念人旧恶。三者可以养德，亦可以远害。

【译文】

不责备别人的小过，不揭露别人的隐秘，不记恨别人的旧仇。能够做到这三点，就可以培养良好的品德，也可以使人避免祸害。

4. 忠恕待人，养德远害

《菜根谭》云："不责人小过，不发人阴私，不念人旧恶。三者可以养德，亦可以远害。"意为做人的基本原则，就是不要责难别人轻微的过错，不要随便揭发他人生活中的隐私，更不可对他人过去的坏处耿耿于怀。做到这三点，不但可以培养自己的品德，也可能避免遭受灾祸。

春秋时期，楚庄王有一次和群臣宴饮，当时是晚上，大殿里灯火明亮，正当大家酒喝得酣畅之际，灯烛突然灭了。这时，为众人献舞的美姬叫了一声，庄王问："怎么回事啊？"美姬摸索到庄王身边说："大王，刚才有人非礼我。那人趁着灯烛灭掉时，拉住我的衣襟。我扯断了他头上的帽缨，现在还拿着，赶快把烛火点亮来查看这个断缨的人。"

庄王听了，说："是我赏赐人家喝酒，酒喝多了，难免会做些出格的事，没啥大不了的。"于是命令左右的人，"今天大家和我一起喝酒，如果不扯断帽缨，说明他没有尽兴。"群臣都扯断了帽缨以后，庄王才命人重新点亮烛火。大家继续饮酒，一直饮到尽兴而散。

后来，楚国与晋国打仗，有一个武将常常冲在前边，不顾生死，勇猛无比。战斗胜利后，庄王感到惊奇，忍不住问这个武将："我平时对你并没有特别的恩惠，你打仗时为何这样卖力呢？"武将回答说："我就是那天晚上非礼美人而被扯断帽缨的人。"

你瞧，人家心里一直没有忘记你的宽容啊。关键时候拼命地卖力。

做人应当宽宏大量，不要紧紧抓住别人的错误或缺点不放，否则，不但容易破坏人际关系，而且显得自己胸襟狭隘。宽容待人，能容许人家犯错误，同样能造福于自己和别人，从而避免祸患。

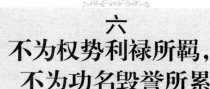

六
不为权势利禄所羁，
不为功名毁誉所累

生死与名利互为联系，紧密相关。人生于天地之间，当从大处着眼，小处着手，对于名利与显达，当出则出，当入方入；不为权势利禄所羁，不为功名毁誉所累；明察世情，了然生死，胸怀坦荡。

1. 贪得不富，知足不贫

《菜根谭》中说："贪得者分金恨不得玉，封公怨不授侯，权豪自甘乞丐；知足者藜羹旨于膏粱，布袍暖于狐貉，编民不让王公。"意为贪得无厌的人分到金银却恼恨得不到美玉，被封为公爵还要怨恨没有封上侯爵，明明是权贵之家却甘心成为精神上的乞丐；知足常乐的人觉得野菜比鱼肉的味道还要鲜美，粗布衣袍比狐皮貉裘还要温暖，虽然身为编户平民却比王公过得还要自在满足。

有一位禁欲苦行的修道者准备离开他所住的村庄，到无

【原文】

知成之必败，则求成之心不必太坚；知生之必死，则保生之道不必过劳。眼看西晋之荆榛，犹矜白刃；身属北邙之狐兔，尚惜黄金。语云："猛兽易伏，人心难降。溪壑易填，人心难满。"信哉！

【译文】

如果知道事情有成功就一定有失败，那么也许求取成功的意念就不会那么坚决；如果知道有生就会有死，那么养生之道就不必过于用心良苦。眼看西晋已快灭亡，将变成杂草丛生的荒野，可还有人在那里炫耀自己的武力；眼看人将死去，变成北邙山狐兔的食物，此时竟然还有人吝惜黄金。俗话说："猛兽容易制伏，而人心难以降服；溪流深谷容易填平，而人心难以满足。"这句话是如此的正确啊！

人居住的山中去隐居修行，他只带了一块布当作衣服，就一个人到山中去了。

后来他想到当他要洗衣服的时候，他需要另外一块布来替换，于是就下山到村庄里向村民们乞讨一块布当作衣服。村民们都知道他是虔诚的修道者，于是就毫不考虑地给了他一块布。

当这位修道者回到山中之后，发现在他居住的茅屋里有一只老鼠，常常会在他专心打坐的时候来咬他那件准备换洗的衣服。他早就发誓一生遵守不杀生的戒律，因此不愿意去伤害那只老鼠，但是又没有办法赶走它，所以他又回到村庄里向村民要了一只猫来饲养。得到了一只猫之后,他又想:"猫吃什么呢？我并不想让猫去吃老鼠，但总不能跟我一样只吃一些水果与野菜吧？"于是他又向村民要了一头乳牛，这样那只猫就可以靠牛奶维生。但是，在山中居住了一段时间以后，他发觉每天都要花很多时间来照顾那头乳牛，于是他又来到村庄里，找到了一个可怜的流浪汉，带着这无家可归的流浪汉到山中居住，帮他照顾乳牛。

【原文】

有一乐境界，就有一不乐的相对待；有一好光景，就有一不好的相乘除。只是寻常家饭、素位风光，才是个安乐窝巢。

【译文】

有一个欢乐的境界，就有一个不欢乐的境界与之对应；有一个美好的光景，就有一个不好的光景与之抵消。只要拥有普通的一日三餐，老百姓的生活，那才是平平安安，让人眷恋的家。

流浪汉在山中居住了一段时间之后，跟修道者抱怨说："我跟你不一样，我需要一个太太，我要正常的家庭生活。"

修道者想一想也有道理，他不能强迫别人跟他一样，过着禁欲苦行的生活……

这个故事就这样继续演变下去。你可能也猜到了，到后来，也许是半年以后，整个村庄都搬到山上去了。

欲望就像是一条锁链，一个牵着一个，永远都不能满足。

在印度的热带丛林里，人们用一种奇特的狩猎方法捕捉猴子：在一个固定的小木盒里，装上猴子爱吃的坚果，盒子上开一个小口，刚好够猴子的前爪伸进去，猴子一旦抓住坚果，爪子就抽不出来了。人们常常用这种方法捉到猴子，因为猴子有一种习性，就是不肯放下已经到手的东西，人们总会嘲笑猴子的愚蠢：为什么不松开爪子放下坚果逃命？但审视一下我们自己，也许就会发现，并不是只有猴子才会犯这样的错误。

"得寸进尺，得陇望蜀"是对贪得无厌之辈的形象比喻，只有少数超凡脱俗的豁达之士才能领悟知足常乐之理。其实适度的物质财富是必需的，追求功名以求实现抱负也是对的，关键看出发点何在。追求物质丰富是刺激市场繁荣的动力，对个人而言，绝非因为安贫乐道就可以否定对物质的追求。但是一个人被铜臭气包围，把自己变成积累财富的奴隶，或为财富不择手段、为权势投机钻营，把权势当成满足私欲的工具，那么这种人就会变得贪得无厌，为正人君子所不齿。

【原文】

都来眼前事，知足者仙境，不知足者凡境；总出世上因，善用者生机，不善用者杀机。

【译文】

对于每天的现实生活，能够知足的人感到生活在仙境，而不知满足的人就只能始终处在凡俗的世界；总结世上的一切事物发生发展的原因，善于运作的人，就能创造机运，不善运作的人，就处处陷入危机当中。

2. 矜则无功，悔能减过

一个人应该有自知之明，在任何时候任何情况下都应摆正自己的位置，保持自谦上进的品质。即使为国家建设立下大功，成为天下崇拜的英雄、伟人，假如产生自夸功勋的念头，一味沉浸在荣誉的光环中，那他的大功不但会在自傲中丧失，说不定还会招来意外的祸患。

正如《菜根谭》中所言："盖世的功劳,当不得一个矜字；弥天的罪过，当不得一个悔字。"意为一个人即使立下了举世无双的汗马功劳，如果他恃功自傲、自以为是，他的功劳会很快消失殆尽；一个人即使犯下了滔天大罪，却能够浪子回头改邪归正，那么他的罪过也会被他的悔悟所洗净。

康熙登基时才八岁，不能料理国事，国家一切大事都由四位辅政大臣代理。这四个人是鳌拜、索尼、

【原文】

盖世的功劳，当不得一个矜字；弥天的罪过，当不得一个悔字。

【译文】

再伟大的丰功伟绩，也承受不了一个"骄矜"的"矜"字所起的抵消作用；即使犯了滔天大罪，如果能领悟一个"懊悔"的"悔"字，那么也能弥补以前的一些过错。

苏克萨哈和遏必隆，其中拿大主意的是鳌拜，然而鳌拜是一个专横跋扈、野心勃勃的人。他利用其他三位辅政大臣的软弱退让，极力扩大自己的权势。凡是向他巴结献媚的，都受到提拔重用；凡是不肯顺从他的，不是被排斥罢黜，便是遭到不意陷害。辅政大臣苏克萨哈及大臣苏纳海、朱昌祚等人就因为与鳌拜持有不同的意见而遭到杀身之祸。鳌拜甚至经常在康熙皇帝面前耀武扬威、呵斥他人，而且多次擅自以皇帝的名义假传圣旨，滥用权力。朝廷内外的大小官员，凡是稍有一些正义感的，无不对鳌拜一伙的为非作歹恨之入骨，可是鳌拜的心腹党羽遍布从中央到地方的许多重要机构，掌握着生杀予夺大权，谁也奈何他不得。

康熙立志要做一个像汉武帝、唐太宗那样有作为的皇帝，因此对鳌拜擅权十分不满，决心改变大权旁落的状况。于是在他亲政不久便下令取消了辅政大臣的辅政权，使鳌拜的权力受到限制。可是，这样一来，他们之间的矛盾便日益激化起来。鳌拜虽然意识到康熙要夺回自己的权力，却误认为"主幼好欺"，对于自己的所作所为非但不加收敛，反而更加肆无忌惮。在群臣向康熙朝贺新年时，鳌拜竟然身穿黄袍，俨如皇帝。在他托病不朝、康熙亲往探视时，他把刀置于床下，直接威胁皇帝的安全。对于鳌拜这些欺君罔上的行为，康熙已经忍无可忍，决心采取果断的措施，把他除掉。

康熙是一个很有谋略的人。他知道鳌拜的势力大、党羽多，除掉他不是一件容易的事，必须周密计划，谨慎从事。他一方面把近身侍卫索额图、明珠提拔为朝廷大臣，作为自己的左膀右臂，以便通过他们联络朝廷内外反鳌拜的势力；另一方面又给鳌拜封官加爵麻痹他，使之放松对自己的警觉。

【原文】

饱后思味，则浓淡之境都消；色后思淫，则男女之见尽绝。故人当以事后之悔悟，破临事之痴迷，则性定而动无不正。

【译文】

吃饱喝足之后再品尝美味佳肴，食物的甘美是体会不出来的；交欢之后再来回想淫邪之事，一定无法激起男欢女爱的念头。所以人们如果常常用事后的悔悟心情来作为另一件事情开端的判断参考，那么便可以消除一切错误而保持自己纯真的本性。

与此同时，一个擒拿鳌拜的计划也酝酿出来了。

不久，康熙从各王公显贵府中挑选了一百余名身强力壮的贵族子弟，以陪伴皇帝习武消遣为名入宫，鳌拜没有发觉其中有什么异常。一来是满族具有让自己的子弟从小习武的习惯，二来是他把康熙看成一个年幼无知、只图玩乐的纨绔之辈，乐得他少过问政事，所以没有把这件事放在心上。不到一年，这班少年侍卫一个个拳术精通、武艺高强，连康熙本人也学到不少本领。康熙看在眼里，喜在心头，认为擒拿鳌拜的时机成熟了。于是康熙以下棋为名，召索额图入宫，商量除掉鳌拜等人的计划。一天，正值鳌拜入朝之日，康熙

【原文】

车争险道，马骋先鞭，到败处未免噬脐；粟喜堆山，金夸过斗，临行时还是空手。

【译文】

赶车驾马总要比别人抢先一步，等到败落时处境凄凉；粮食堆成山，金银过斗，死时依然两手空空。

事先把少年侍卫招来，对他们说："你们常在我身边，好像我的手足一样，你们是听从我的命令，还是听鳌拜的命令？"这些人对鳌拜的专横跋扈不满已久，又与皇帝朝夕相处，早

已成为效忠于康熙的心腹，因此齐声高呼："听从皇上的命令！"接着康熙历数鳌拜的罪状，布置擒捉之法，只等这个权奸自投罗网。

不多时，鳌拜入朝，康熙传令要单独召见他。鳌拜不疑有他，欣然前往。到了内廷，只见康熙端坐在宝座上，两旁站立的是一班少年侍卫。鳌拜一向把这些人看成是一群孩子，成不了什么气候，心里毫无戒备，仍旧摆出一副傲慢的架势来到康熙面前。康熙见时机已到，便果断地做出擒拿的手势。少年侍卫们一拥而上，把鳌拜团团围住。见此情景，鳌拜大吃一惊，起先还以为是皇帝教一群孩子来与他戏耍，后来感觉不对劲，便全力挣扎，与这班少年打成一团。鳌拜也不是等闲之辈。他不仅生得虎背熊腰，而且精通武艺，曾经驰骋疆场几十年，立过不少大功，是清朝的一代骁将。近身交手，他并不外行。他仗着自己体大力强，拳脚并用，竟一连打倒了好几个人，差一点脱身。可是，这些少年侍卫毕竟训练了一年，不仅血气方刚、武艺超群，而且都有除奸报君的决心，岂容鳌拜逃脱？

他们你一拳，我一脚，轮番向鳌拜发起攻击，直打得鳌拜气喘吁吁，汗流浃背，只有招架之功，没有还手之力，最后不得不束手就擒。

鳌拜曾经立过无数功劳，所以才能成为辅政大臣。可惜他骄矜自大，甚至不把年幼的康熙皇帝放在眼里，越权专横，终于落得个失败被擒、身败名裂的下场。因此，越是功劳显赫，越要谦逊礼让，才能不引起别人的猜忌，从而避免引来祸患。

【原文】

蛾扑火，火焦蛾，莫谓祸生无本；果种花，花结果，须知福至有因。

【译文】

飞蛾扑火，就被火烧死，因此不要说灾祸发生没有原因；种花才能结果，要知道福气来临也有原因。

3. 立身高一步，处世退一步

《菜根谭》曰："立身不高一步立，如尘里振衣，泥中濯足，如何超达？处世不退一步处，如飞蛾投烛，羝羊触藩，如何安乐？"意为立身如果不能站在更高的境界，就如同在灰尘中抖衣服、在泥水中洗脚一样，怎么能够超凡脱俗呢？为人处世如果不退一步着想，就像飞蛾投入烛火中、公羊用角去抵藩篱一样，怎么会有安乐的生活呢？

【原文】

图未就之功，不如保已成之业；悔既往之失，亦要防将来之非。

【译文】

与其图谋计划没有把握的功业，还不如将精力用来保持已经完成的事业；与其追悔过去的过失，还不如将精力用来预防可能发生的错误。

卓茂是西汉时宛县人，他的祖父和父亲都当过郡守一级的地方官，他自幼就生活在书香门第中。汉元帝时，卓茂来到首都长安求学，拜在朝廷任博士的江生为师。在老师的指点下，他熟读《诗经》《礼记》和各种历法、数学著作，对人文、地理、天文、历算都很精通。此后，他又对老师江生的思想细加揣摩，在微言大义上下苦功，终于成为一位儒雅的学者。熟悉他的师友学弟都很佩服他的仁厚性情。他对师长礼让谦恭；对同乡、同窗好友，不论其品行能力如何，都能与之和睦相处。

卓茂的学识和人品备受称赞，丞相府得知后，特来征召，让他侍奉身居高位的孔光，可见其影响之大。

有一次卓茂赶马出门，迎面走来一人，那人指着卓茂的马说，这就是他丢失的马。

卓茂问道："你的马是何时丢失的？"

那人答道："有一个多月了。"

卓茂心想，这马跟着我已好几年了，那人一定搞错了。尽管如此，卓茂还是笑着解开缰绳，把马给了那人，自己拉着车走了。走了几步，卓茂又回头对那人说："如果哪天你发现这不是你的马，希望你能到丞相府把马还给我。"

风来疏竹，风过而竹不留声；雁渡寒潭，雁去而潭不留影。故君子事来而心始现，事去而心随空。

【译文】

当风吹过稀疏的竹林时，会发出沙沙的声响，风吹过之后，竹林依然归于寂静而不会将声响留下；当大雁飞过寒冷的潭水时，潭面映出大雁的身影，可是雁儿飞过之后，潭面依然晶莹一片，不会留下大雁的身影。所以君子临事之时才会显现出本来的心性，事情处理完后心中便恢复原来的平静。

过了几天，那人从别的地方找到了他丢失的马，便到丞相府把卓茂的马还给了他，并叩头道歉。

一个人要做到像卓茂那样的确不容易。这种胸怀不是一时一事造就，而是在长期的熏陶、磨炼中逐渐形成的。俗话说，退一步不为低。能够退得起的人，才能不计个人得失，才能站在更高的境界，才能与人和睦相处。

七
外圆内方，刚柔相济

外圆，就是要入世，要融入现实生活中，顺势而为，不要斤斤计较，拘泥于细枝末节，要有"忍让""谦让""退让"的精神，要用包容的心去对待他人他物。内方，就是要出世，要坚守内心的信念，在"让"之前先划出底线，底线之上皆可让步，底线之下的原则问题则绝不妥协。外圆内方，刚柔相济，坚持自己的底线，是做人做事的标准；处理具体事情灵活圆通，又是待人接物的根本。

1. 出世涉世，了心尽心

《菜根谭》云："出世之道，即在涉世中，不必绝人以逃世；了心之功，即在尽心内，不必绝欲以灰心。"意为超脱凡尘俗世的方法应在人世间的磨炼中，根本不必离群索居、与世隔绝；要想完全明了智慧的功用，应在贡献智慧的时刻去领悟，根本不必断绝一切欲望，使心情犹如死灰一般寂然不动。

王澄，仁和人，字天碧，号雪村。他虽然是农民，但从小专攻写诗作书，书法中透露出赵孟𫖯书法的气势。里甲把

【原文】

出世之道，即在涉世中，不必绝人以逃世；了心之功，即在尽心内，不必绝欲以灰心。

【译文】

超凡脱俗的方法，就应该在尘世中寻找，不必刻意隔绝世人，远遁山林；了悟心性的功夫，还是要用此心去体会领悟，不一定要断绝欲念，心如死灰。

他的名字呈报为吏员，布政使却很生气，让王澄到修建阁楼库房处服役。这是冷僻边远的差使，王澄不得已只能接受。

一天，他写了一首咏马诗："一日行千里，曾施汗马劳。不知天厩外，谁是九方皋。"他把诗写在府门屏风间。太守见到便问是谁所写，大家答道："小吏王澄所写。"于是王澄被召见，王澄回答说："不是，我只是一个农民。"太守十分惊讶，出"南山晴雪"的题目考他，王澄提笔马上写好呈上。诗曰："雪霁南山正坐衙，莹然相对两无瑕，瑞光晓布三千里，和气春生百万家。未可拥炉倾竹叶，且须呵笔咏梅花。丰年有象皆侯德，五拶歌谣遍海涯。"

太守看了他写的诗，心中十分高兴，也非常欣赏王澄的学识和才能，于是召集官员子弟拜王澄为老师，王澄的差役则由别人代替。由此，王澄的名声更大了。等到王澄服役期满回杭州后，有官员请他当幕僚代笔，王澄坚决推辞，他已无心为官，只愿在湖山间吟咏诗篇，终老湖山之中。

王澄写咏马的诗，本身

【原文】

宠辱不惊，闲看庭前花开花落；去留无意，漫随天外云卷云舒。

【译文】

无论是宠爱或者屈辱，都不会在意，人生之荣辱，就如庭院前的花朵盛开和衰落那样平常；无论是晋升还是贬职，都不去在意，人生的去留，就如天上的浮云飘来和飘去那样随意。

就渴望自己是匹千里马，希望能得到伯乐慧眼所识，说到底是入世的；他作南山晴雪的诗，同样是充满人间烟火气息的。恰恰因为他入世，最后他出世避仕，是深有体味的，倒也合乎自然。

不要以为穿上袈裟就能成佛，不要以为披上道袍就能得道。同理，披上件蓑衣、戴上顶斗笠未必是渔夫，支根山藤坐在松竹边饮酒吟诗也未必是隐士高人。追求形式的本身未必不是在沽名钓誉，就像想明白自己的心性灵智不在于自己冥思苦想或者如死灰槁木时才知道。所以，人生的要义，既在于出世，也在于入世。不必绝人以逃世，不必绝欲以灰心。应学以致用，把自己的才学发挥出来，做想做的，做该做的。

2. 心事宜明，才华须韫

《菜根谭》中说："君子之心事天青日白，不可使人不知；君子之才华玉韫珠藏，不可使人易知。"意为君子有高深的修养，他的心地像青天白日一样光明，没有什么不可告人的事；君子的才华应像珍藏的珠宝一样，不应该轻易炫耀，让别人知道。

三国时期，在曹营内任行军主簿的杨修，思维敏捷，甚有才名。但他最大的毛病就是不看场合，不分析别人的好恶，只管卖弄自己的小聪明。当然，如果事情仅仅到此为止的话，也还不会有太大的问题，谁想杨修后来竟然渐渐地搅和到曹操的家事中，这就犯了大忌。

在封建时代，统治者为自己选择接班人是一个极为严肃

【原文】

炎凉之态，富贵更甚于贫贱；妒忌之心，骨肉尤狠于外人。此处若不当以冷肠，御以平气，鲜不日坐烦恼障中矣。

【译文】

人情的冷暖、世态的炎凉，富贵之家比贫苦人家更明显；嫉妒、猜疑的心理，在至亲骨肉之间比外人表现得更为厉害。在这种情况下，如果不能用冷静的态度来解决，以平和的心态控制自己，那就会天天处在烦恼的困境中了。

的问题，每一个有希望接班的人，不管是兄弟还是叔侄，可以说个个都红了眼，所以这种斗争往往是最凶残、最激烈的。但是，杨修偏偏在如此重大的问题上不识时务，又犯了卖弄小聪明的老毛病。

【原文】

遇沉沉不语之士，且莫输心；见悻悻自好之人，应须防口。

【译文】

遇到表情阴沉不说话的人，暂时不要急着和他坦诚相交、推心置腹；遇到高傲自大自以为是的人，要谨慎自己的言行。

曹操的长子曹丕、三子曹植，都是曹操准备选作继承人的对象。曹植能诗赋，善应对，很得曹操欢心，曹操便想让曹植当继承人。曹丕知道后，就秘密地请歌长（官名）吴质到府中来商议对策，但害怕曹操知道，就把吴质藏在大竹片箱内抬进府来，对外只说抬的是绸缎布匹。这事被杨修察觉，他不加思考，就直接去向曹操报告，于是曹操派人到曹丕府前盘查。曹丕闻知后十分惊慌，赶紧派人报告吴质，并请他快想办法。吴质听后很冷静，让来人转告曹丕说："没关系，明天你只要用大竹片箱装上绸缎布匹抬进府里去就行了。"结果可想而知。

曹操因此怀疑杨修想帮助曹植来陷害曹丕，十分气愤，就更加讨厌杨修了。

还有，曹操经常试探曹丕和曹植的才干，每每拿军国大事来征询两人的意见。杨修就替曹植写了十多条答案，曹操一有问题，曹植就根据条文来回答。因为杨修是相府主簿，深知军国内情，曹植按他写的回答当然事事中的，曹操心中难免又产生了怀疑。后来，曹丕买通曹植的亲信随从，把杨修写的答案呈送给曹操，曹操当时气得两眼冒火，愤愤地说："匹夫安敢欺我耶？"

又有一次，曹操让曹丕、曹植出邺城的城门，暗地里又告诉守门官不要放他们出去。曹丕第一个碰了钉子，只好乖乖回去。曹植闻知后，又向他的智囊杨修问计，杨修很干脆地告诉他："你是奉魏王之命出城的，谁敢拦阻，杀掉就行了。"曹植领计而去，果然走出城去，曹操先是惊奇，得知事情真相后，愈加气恼。

曹操生性多疑，生怕有人暗中谋害自己，谎称自己在梦中好杀人，告诫侍从在他睡着时切勿靠近他，并因此故意杀死了一个替他拾被子的侍从。可是当埋葬这个侍从时，杨修喟然叹道："丞相非在梦中，君乃在梦中耳！"曹操听了之后，心里愈加厌恶杨修，于是开始找碴要除掉这个不知趣的家伙。

不久，机会终于来了。建安二十四年（219 年），刘备进军定军山，老将黄忠斩杀了曹操的亲信大将夏侯渊，曹操率大军于汉中迎战刘备。谁知战事进展很不顺利，双方在汉水一带形成对峙状态，使曹操进退两难，要前进害怕刘备，要撤退又怕遭人耻笑。一天晚上，心情烦闷的曹操正在大帐内想心事，恰逢厨子端来一碗鸡汤，曹操见碗中有根鸡肋，心中感慨万千。这时夏侯惇入帐内禀请夜间号令，曹操随口说道："鸡肋！鸡肋！"于是人们便把这句话当作号令传了出去。行军主簿杨修即叫随军收拾行装，准备归程。夏侯惇见了惊

【原文】

与人者，与其易疏于终，不若难亲于始；御事者，与其巧持于后，不若拙守于前。

【译文】

与人交往，与其将来容易疏远，不如在当初不要太亲近；处理事情，与其将来要费心，不如事前踏踏实实做好准备。

【原文】

家人有过，不宜暴怒，不宜轻弃。此事难言，借他事隐讽之；今日不悟，俟来日再警之。如春风之解冻、和气之消冰，才是家庭的型范。

【译文】

家里有人犯了过错，不能随便大发脾气，也不应该轻易地放弃不管。如果这件事不好直接说明其错误，可以借其他的事来提醒暗示，使他知错改正；今天不能使他醒悟，可以过一些时候再耐心劝告。就像温暖的春风化解大地的冻土，暖和的气候使冰消融一样，这样才是处理家庭琐事的典范。

恐万分，把杨修叫到帐内询问详情。杨修解释道："鸡肋鸡肋，弃之可惜，食之无味。今进不能胜，退恐人笑，在此何益？来日魏王必班师矣。"夏侯惇听了非常佩服，营中各位将士便都打点起行装来。曹操得知后大怒道："匹夫怎敢造谣乱我军心？"于是喝令刀斧手将杨修推出斩首，并把首级挂在辕门之外，以为不听军令者戒。

在待人处世方面，下属千万不可以处处一味表现自己，放任自己，无视上司的自尊心和心理承受能力；锋芒毕露，咄咄逼人，必然会招来上司的忌恨，最终引火烧身。

3. 春风解冻，和气消冰

《菜根谭》中说："家人有过，不宜暴怒，不宜轻弃。此事难言，借他事隐讽之；今日不悟，俟来日再警之。如春风之解冻、和气之消冰，才是家庭的型范。"意为家里有人犯了过错，不应该大发脾气，也不应该轻易地放弃不管。如果这件事不好直接说，可以借其他的事来提醒暗示，使他知错改正；今天不能使他醒悟，可以过一些时候再耐心劝告。这就像温暖的春风化解大地的冻土，暖和的气候使冰消融一样，是处理家庭琐事的典范。

为了造就维新变法的新人，梁启超曾亲任湖南时务学堂教习。梁启超办时务学堂是成功的，有再造民国之功的蔡锷就是他的高足。梁启超在治家方面也有一套成功的经验。他有九个子女，子女们都有各自的成就。他不仅是孩子们的慈父，还是孩子们的朋友。他很注意引导孩子们对知识的兴趣，又十分尊重他们的个性和志愿，他非常细微地掌握每个孩子的特点，因材施教，为每个子女的前途都有周到的考虑和安排，但又不强迫他们一定按照自己的意图去办，而是反复征求孩子们的意见，直到他们满意为止。

他对子女非常慈爱，从 1923 年起到 1929 年他去世，先后有五个孩子到国外求学或工作。他非常想念他们，为了培养子女成才，他很能控制自己的情绪，鼓励他们向上。他在 1925 年给女儿梁思顺及梁思庄的一封信中说："宝贝思顺，小宝贝庄庄，你们走后我很寂寞……思顺离我多次了，所以倒不觉得怎样，庄庄这几个月来天天挨着我，一旦远行，我心里着实有点难过。但为你成就学业起见，不能不忍耐几年……但日子

【原文】

意气与天下相期，如春风之鼓畅庶类，不宜存半点隔阂之形；肝胆与天下相照，似秋月之洞彻群品，不可作一毫暖昧之状。

【译文】

志向要遍施惠及于天下，像春风吹醒万物，不应该存有一点隔膜的举动；品格要光明磊落于天下，像秋月普照万物，不能做一丝一毫的暧昧畏缩的形态。

过得很快，你看你三哥（梁思永）转眼已经回来了，再过三年你便成为一个学者回来，帮助爹爹工作，多快活呀！"

他教育子女做学问不要只注意专精，还要注意广博。梁思成在国外求学之时，梁启超曾在信中说："思成所学太专门了，我愿意你趁毕业后一两年，分出点光阴多学些常识，尤其是人文科学中之某部门，多用点工夫。我怕你因所学太专门之故，把生活也弄成近于单调，太单调的生活容易厌倦，厌倦即为苦恼，乃至堕落之根源。"又说："凡做学问要'猛火熬'和'慢火炖'两种工作，循环交互着用去。思成你已经熬过三年了，这一年正该用炖的工夫，不独于你身子有益，即为你的学业计，亦非如此不能得益，你务要听爹爹苦口良言。"这些话恐怕也是他自己读书、治学的经验和总结。

他还不断地鼓励子女战胜学业上的困难，重视培养子女的实践能力，具体指导他们加强外围知识的学习。他在给梁思成的信中说："莫问收获，但问耕耘……一面不可骄盈自满，一面又不可怯弱自馁，尽自己能力去做，做到哪里是哪里。如此则可以无入而不自得，而对社会亦总有贡献。"当梁思成在美国取得建筑硕士学位之后，计划与新婚妻子林徽因蜜月旅行，梁启超又在 1927 年 12 月 18 日的信中说："我替你们打算，到英国后折往瑞典、挪威一行，因北欧极有特色，市容亦极严整有新意（新造之市，建筑上最有意思者为南美诸国，可惜力量不能供此游，次则北欧特可观），必须一往。由是入德国，除几个古都市外，莱茵河畔著名堡垒最好能参观一二。回头折入瑞士看些天然之美，再入意大利，多耽搁些日子，把文艺复兴时期的美彻底研究了解。最后能回到法国，在马赛上船（到西班牙也好……中世及近世初期的欧洲文化实以西班牙为中心）。中间最好能腾出点时间和金钱到土耳其一行……"他为自己子女的事业及生活想得多么细致、周到，看了这些信，不能不令人感动。

怎样治家，古人有许多专门的论述。现代社会里，家庭问题引起了方方面面的关注。尤其是子女教育问题，每个家庭方法不一。有的家庭望子成龙心切，家长对于子女的管教特别严格，每当子女犯了过错，就立刻暴跳如雷，非打即骂；有的家长对子女的学业和事业漠不关心，放任不管。这种粗暴和冷漠的教育方式都会对子女的人格发展产生不良影响。处理家庭关系同样要讲究方式，那种家长式的强硬作风早已成为过去，许多家庭矛盾往往要假以时日或者婉转一下才能沟通和消除。家庭和社会不一样，家人总是朝夕相处，因此和睦的家庭、融洽的气氛就成了事业成功的基础。

【原文】

恶忌阴，善忌阳。故恶之显者祸浅，而隐者祸深；善之显者功小，而隐者功大。

【译文】

做坏事最忌讳隐藏不让人知道，做好事最忌讳到处宣扬。所以显而易见的坏事所造成的灾祸较小，不为人知的坏事所造成的灾祸较大；做了善事要让别人知道的所积的功德小，在暗中默默行善而不被别人知道的所积的功德才大。

八
交友须带三分侠气，
做人要存一点素心

天地之气，暖则生，寒则杀。故性气清冷者，受享亦凉薄。惟和气暖心之人，其福亦厚，其泽亦长。

【译文】

自然界气候温暖的时候就会催发万物，气候寒冷的时候就会使万物萧条沉寂。做人的道理也和大自然一样，性情高傲冷漠的人，所得的福分也比较淡薄。只有那些性情温和而又乐于助人的人，他们所得到的回报才会深厚，福分才会绵长，留下的恩泽也会长久。

"交友须带三分侠气，做人要存一点素心"，其主旨在"忠肝义胆，正义无私"这八个字上。"侠"是中国传统文化的一个方面，实质上可以用"忠肝义胆走江湖"概括之。"侠"是尊崇坦荡无私、患难与共的精神，就是要勇于奉献自己，与朋友共赴险难，共渡艰危。这里所谓的"素心"，是指朴实无华、纯净无私的境地。

1. 助人为乐者福泽绵长

《菜根谭》曰："天地之气，暖则生，寒则杀。故性气清冷者，受享亦凉薄。惟和气暖心之人，其福亦厚，其泽亦长。"意为自然界的规律是气候温暖的时候就会催发万物生长，气候寒冷的时候就会使万物萧条沉寂。所以一个人如果心气孤傲冷漠，只会受到同样冷漠的回报。只有那些充满生命热情而又乐于助人的人，他们所得到的回报才会深厚，福祉也才会绵长久远。

胡雪岩，名光墉，字雪岩。1823 年出生于徽州绩溪。徽州多商，徽商遍布各地。受经商之风的影响，胡雪岩在父死家贫的窘境中，12 岁时便告别寡母，只身去杭州信和钱庄里当起了学徒。

开始时，胡雪岩和其他伙计一样在店里站柜台，后来东家和"大伙"都觉得这个小伙计顺眼，就派他出去收账。胡雪岩认真操办，从未出过纰漏，深得东家赏识。

有年夏天，胡雪岩在一家名叫"梅花碑"的茶馆里跟一个叫王有龄的攀谈，知道他是一名候补盐大吏，打算北上"投供"加捐。

清代捐官不外乎两种：一种是做生意发了财，富而不贵，美中不足，捐个功名好提高身价，像扬州的盐商，个个都是花几千两银子捐来的道台，这样一来，便可以与地方官称兄道弟，平起平坐，否则就不算"缙绅先生"，有事上公堂，要跪着回话。再有一种，本是官员家的子弟，书也读得不错，就是运气不好，三年大比，次次名落孙山，年纪大了，家计也艰窘了，总得想个谋生之道，走的就是"做官"这条路，改行也无从改起，只好卖田卖地，托亲拜友，凑一笔钱去捐个官做。

王有龄就属于后者，他的父亲是候补道，没有奉委什么好差事，被分发浙江，在杭州一住数年，老病侵夺，心情抑郁，死在异乡。身后没有留下多少钱，运灵枢回福州，要很大一笔盘缠，而且家乡也没有什么可以投靠的亲友，王有龄就只好奉母寄居在异地了。

境况不好，且又举目无亲，王有龄穷困潦倒，每天在茶馆里穷泡，消磨时光。虽然捐了官，却没钱去"投供"。

在清代，捐官只是捐了一个虚衔，凭一张吏部所发的"执照"，取得某一类官员的资格。如果要补缺，必得到吏部报到，称为"投供"，然后抽签分发到某一省候补。王有龄尚未"投供"，更谈不上补缺了。

胡雪岩认定眼前这个落魄潦倒的王有龄必会飞黄腾达，大富大贵，只是火候未到，还缺一位帮他的贵人罢了。胡雪岩年龄尚轻，二十出头，正处于多梦时代，他想象自己正是侠骨热肠、救人危难的豪爽之士，虽算不上"贵人"，但手里尚握重金——那五百两未交给老板的银子，亦是助其成就大业的本钱。

王有龄却不知胡雪岩的心思，他心不在焉地呷口茶，冲胡雪岩拱拱手，然后起身告退。"老哥不忙走，请看一样东西。"胡雪岩从衣兜里掏出布包，一层层理开，露出一张五百两的银票，原来老板当初交办胡雪岩去讨一笔倒账，并无十分把握，即使讨不回来也并不怪罪他。故而胡雪岩未把银票交回钱庄，他寻思把这钱作为本钱，投资做一桩大生意，如今瞅准了王有龄，正好在他身上下工夫。胡雪岩见识高明，他认定以钱赚钱算不得本事，以人赚钱才是真功夫，倘若选人得当，大树底下好乘凉，今生发迹才有靠山。这思想左右着胡雪岩的终生，使他成为一代大贾巨富。

当时，王有龄一下子惊呆了，盯住银票入定一般，半天回不过神来。当他听胡雪岩说这些银票要借给他进京"投供"时，他双手乱摇不肯接受。这么大一笔钱，没有人敢替他作保，他实在还不起！

然而当他感知胡雪岩是真心实意，绝非儿戏时，顿时又感动万分，热泪滚滚，倒头便要下拜。胡雪岩慌忙扶住他，两人互换帖子，结拜为兄弟。胡雪岩重又唤来酒菜，举杯庆贺，预祝王有龄马到成功、衣锦荣归。两人如同亲兄弟，说不完的知心话，道不尽的手足情。

第二天，王有龄雇船北上，胡雪岩到码头相送，两人依依惜别。秋风鼓动白帆，客船飞快远去，运河水面百舸争流，千帆竞发。胡雪岩站在码头上，望此情景，忽然生出念头：运河犹如大赌局，不知王有龄能赢否？

但有一点胡雪岩不会怀疑，那就是王有龄一旦发迹是绝不会忘记他的。

胡雪岩资助王有龄的这笔款子原是吃了"倒账"的，就钱庄而言，已经作为收不上来的"死账"处理了，如果能够收到，完全属于意外收入。

欠债的人背后有个绿营兵营的营官撑腰，钱庄怕麻烦，也知道惹不起他，只好自认倒霉。但巧的是此人偏偏跟胡雪岩有缘，两人很谈得来。他欠的债别人收不来，可胡雪岩一开口就另当别论了。而此人最近又发了财，当胡雪岩登门说明来意后，他二话没说，把钱如数交到了胡雪岩手中。

【原文】

栖迟蓬户，耳目虽拘而神情自旷；结纳山翁，仪文虽略而意念常真。

【译文】

在简陋的草屋中休息，虽然享受不到新奇刺激的东西，却觉得神清气爽、心旷神怡；与山野老人交往，不拘礼节，却感受到了真心实意的热情。

【原文】

不昧己心，不拂人情，不竭物力，三者可以为天地立心，为生民立命，为子孙造福。

【译文】

不泯灭自己的良心，不违背人之常情，不暴殄天物。做到这三点就可以在天地之间树立善良的心性，为老百姓服务，为子子孙孙造福。

胡雪岩当时心想,反正这笔款子钱庄已当无法收回处理,转借给正处于困境中的王有龄,将来能还更好,万一还不上,钱庄也没有太大的损失。

如果胡雪岩把这事悄悄办了也不会出问题,可事情坏就坏在他把事情和盘托出了,而且把王有龄亲笔写的借据送到了总管店务的"大伙"手里。

钱庄老板震怒于胡雪岩的自作主张,把店里的钱拿去送人情,不仅给钱庄带来了经济损失,而且在店员中树起了一个恶例。尽管胡雪岩坦言相告,但并不能保证其他店员不跟胡雪岩学这类似的转手把戏,长此下去,还不把钱庄给掏空了?

同行和熟人那里,也有人私下议论,绝不相信以胡雪岩的精明,会做出损己利人的事,所以对胡雪岩的坦言相告不但不信,而且觉得大可从这种交代上怀疑开去,保不准是胡雪岩狂嫖滥赌,欠下一屁股债,现在没办法了,就挪用款项,然后编造出一个"英雄赠金"的故事来。

归在一起,就是不能用这种人了。不但原店不能用,而且同行也不能用,同业中虽都知道他是一把好手,但恶名一旦传开,别人想用也不敢用了。胡雪岩在杭州无法立足,最后只好离开杭州流落到上海。

胡雪岩到上海后,生计窘迫,只好去做苦力,每日以烧饼白开水充饥,艰难时只得把自己的袍子也送进了当铺。

他一度求职无门,最后回到杭州,托人介绍他到妓院去给别人扫地挑水。

这是一段茫无尽头的苦日子。胡雪岩虽然把钱借给了王有龄,但王有龄是否能捐官成功,何时能捐官成功,他心里根本没有底。他只能在心里默默念道："王有龄啊王有龄，但愿你一帆风顺，如愿以偿，我胡雪岩才有出头之日！"

王有龄花银子加捐为候补州县，被分发浙江，拿了一张簇新的"部照"和交银收据，打点回程，到杭州候补。

没几天，王有龄被委为浙江海运局坐办，主管海上运粮事宜，是个很有油水的差事。

王有龄到海运局上任后的第一件事就是帮胡雪岩重新把丢了的饭碗找回来。

王有龄有意到钱庄摆一摆官派头，替胡雪岩出一口恶气，但胡雪岩不同意他这么做，不同意让钱庄的"大伙"难为情。胡雪岩很细心地考虑到他那些昔日老同事的关系、境遇、爱好，花了整整一上午的时间，替每个人备了一份礼，然后雇了一个挑夫，担着这些礼物跟着他去了钱庄。

钱庄上下人都知道以前错怪了胡雪岩，现在胡雪岩有王大人撑腰，这次重回钱庄，准没他们的好果子吃。大家惴惴不安地等着胡雪岩的到来。

可他们万万没想到，胡雪岩满脸微笑，好像从前的事从没发生过似的，更让钱庄伙计们想不到的是，胡雪岩竟给每个人备了份礼。众人收下礼物后在背后不住地摇头叹息："嗨！咱当初是怎么对待人家的呀，这……嗨！"

就这一举动，胡雪岩就把众人给收服了。人人都有这样一个感觉：胡雪岩倒霉时，不会找朋友的麻烦；他得意时，一定会照应朋友。

胡雪岩的所作所为让王有龄大加赞叹，对他这位莫逆之交越发敬重，大事小事总要先向胡雪岩请教之后才去办理。

胡雪岩有了王有龄这个靠山，从此出人头地，平步青云。

【原文】

人之过误宜恕，而在己则不可恕；己之困辱宜忍，而在人则不可忍。

【译文】

对于别人的过失和错误应该采取宽恕的态度，而如果错误在自己就不能宽恕；对于自己遇到的困境和屈辱应当尽量忍受，如果困境和屈辱在别人身上就不能袖手旁观，忍心不顾。

对待别人应当像春天一样热情，而不应当像秋风扫落叶那么无情，和气待人，给困难之人以援手，历来都是中国人所尊崇的美德。待人热情，乐于助人，也能得到别人的帮助从而渡过难关。胡雪岩的"好运自然来"，说到底是他乐于助人的结果。

2. 施之不求，求之无功

《菜根谭》中说："施恩者，内不见己，外不见人，则斗粟可当万钟之惠；利物者，计己之施，贵人之报，虽百镒难成一文之功。"意为一个布施恩惠于人的人，不应总将此事记挂在内心，也不应对外宣扬，那么即使是一斗粟的恩惠也可以得到万斗的回报；以财物帮助别人的人，总是计较对他人的施舍，而要求别人予以报答，那么即使付出万两黄金，也难有一文钱的功德。

隋朝有位叫李士谦的仁者，他把几千石粮食借给了同乡。刚巧这年粮食没有丰收，借粮的人家无法偿还。李士谦把所有的借粮人请来，摆下酒食招待他们，并当着他们的面把债券都烧了，说："债务了结了。"第二年粮食大丰收，借了粮食的人都争着来还债，李士谦一概拒绝不受。有人对他说："你积了很多阴德。"李士谦说："做了人们不知道的好事才叫阴德。而我现在的行为都是你们知道的，怎么能算阴德呢？"

焚券了债，在历史上亦有所闻。战国时齐国的冯谖为孟尝君"市义"，笼络了人心，使孟尝君的根基稳固，大业遂成。

李士谦没有乘人之危，逼债逼狂，而是慈怜为本，以爱心示人，一焚券了债，二拒人还债，有恩于人而不居恩自擂，得到人们的爱戴，他死后百姓恸哭不已就是明证。拔一毛而利天下可为，自产利他人亦可为，施者不寄望于厚报，然公道自在人心，他会得到无价的回报。

人应有助人为乐的精神，助人并以之为乐就上升为一种高尚的道德情操。施恩惠于人而不求回报，"为善不欲人知"，是一种发自内心的真诚。假如抱着沽名钓誉的心态来行善，即使行了善也不会得到任何回报。所以，施之无所求，有所求反而会没有功效。

【原文】

不可乘喜而轻诺，不可因醉而生瞋，不可乘快而多事，不可因倦而鲜终。

【译文】

不要因为自己心情好而轻率对人许诺，不能借着醉意而乱发脾气，不能因为一时冲动而惹是生非，不能因为精神疲倦而有始无终。

3. 趋炎附势，人情通患

《菜根谭》中说："饥则附，饱则扬，燠则趋，寒则弃，人情通患也。"意为饥饿潦倒时就去投靠人家，富裕饱足时就远走高飞；人家有钱时就去巴结，人家贫穷时就掉头而去，

【原文】

恩宜自淡而浓，先浓后淡者人忘其惠；威宜自严而宽，先宽后严者人怨其酷。

【译文】

对人施予恩惠应该从淡薄到浓厚，如果开始浓厚而逐渐淡薄，那么人们就容易忘掉你的恩惠；树立威信要先严格而后宽容，如果先宽容而后严格，人们就会怨恨你的冷酷。

这是一般人都会有的通病。

北宋时的张咏，自太平兴国五年（980年）登进士乙科，到大中祥符三年（1010年），先后两次出任益州知府，历任枢密直学士、吏部侍郎、工部尚书、安抚使等多种官职。张咏有个同学叫傅霖。在张咏为官的三十多年里，傅霖从不与他来往。张咏很佩服这位同学的人品才学，多方打听他的下落，但总是找不到他。

张咏晚年得了"脑疡"，被朝廷派人星夜"驰驿代还"。

因为有病不能面见皇上，张咏就以书面形式给皇帝上奏章，陈说他对朝政的意见。其中有些话极为刺耳，惹得皇上大怒，把他派到了陈州去做知府。

谁知这次傅霖却像从地下冒出来的一样，主动前来见这位老同学了。

傅霖来到张府时，看门的通报说："傅霖请见！"

张咏立刻斥责道："傅先生乃是天下知名的贤士，我和他是早年的同学，到处寻访了多年，想求他做朋友而不可得。你是个什么人物，居

然大呼小叫地喊出他的名字来？"

傅霖此时已经走了进来，笑着劝道："算了吧，这么多年了，你还是那老脾气呀！他一个看门的怎么知道人世间有我傅霖这号人呀？"

张咏见到傅霖，高兴得不得了，忙问他："从前我多方找你，你怎么都不露面，现在为何不请自到了呢？"

傅霖说："从前你是高官，我不好来攀高枝。如今嘛，我知道你的日子不多了，作为老同学特意来看看你！"

张咏猛吃一惊，叹了一口气道："我自己也是明白的。"

傅霖说："你明白就好啊！"

结果，傅霖在张咏那里只待了一天便又告辞了。傅霖走后一个月，张咏真的死了。傅霖的生平事迹已无可考证，但他与张咏的交往同"天下贤士"的称号倒是相符的，因此作为一种人格的典型而留在了史册上。

从古而今，嫌贫爱富，趋炎附势，乃世之通病。好像经济杠杆也成了人际交往的法则，以致在《史记》中有"一贫一富乃知交态，一贵一贱交情乃见"的感慨，俗谚有"贫居闹市无人问，富在深山有远亲"的叹息。这样的事例太多了，但这并不说明人们对此的认可。这一现实和人们的交往需要、感情交流是相悖的，因为在金钱驱动下的人际关系是难有真情流露的。人们在无奈中盼望一种真诚，首先要求君子能甘于淡泊，以使社会不全处在感情的沙漠中。其次从另一个角度看，在社会上择友交人是必须的，古语"君子之交淡如水"，应成为人际交往的警语。

【原文】

为恶而畏人知，恶中犹有善路；为善而急人知，善处即是恶根。

【译文】

做了坏事怕别人知道的人，虽然是作恶，但还留有通往善良的路径；做了好事却急于想宣扬的人，做善事的同时就已种下了恶根。

九
求学问道贵在真，专心领悟长耕耘

求学问道不是一蹴而就的事情，要想学有所获，学有所成，必须持之以恒，长期耕耘。学习是为了增长知识，提高道德，修德是为了提高自己的素质，并不是为了装点门面，附庸风雅。心平气和去读书，书中自有人生道理，为虚名去读书，到头来一场空，求名不成反误其身。

1. 绳锯木可断，滴水能穿石

无论学道，还是习艺，坚持始终如一，认准了就干下去，不改初衷，自然会水到渠成、瓜熟蒂落，正如俗语所说，天不负有心人，百炼成钢，功成圆满。求学问道不能有一蹴而就的思想，要勤于积累，不断充实自己。积累就得勤学。历史上勤学苦练的故事太多了，头悬梁、锥刺股的故事代代相传。

常言道"有志者事竟成"，以及"绳锯木断，水滴石穿"，这些警言都是勉励人做事要有恒心毅力，只要锲而不舍，拥有滴水穿石的精神，定有成功的一天。另外，这些警言也劝世人不要急功近利，要静得住心，平得住性，勤于积累，不断充实自己。

凡事不可强求，揠苗助长只会适得其反，而只有顺应自然，等机会成熟了才能水到渠成，获得正果。

"绳锯木断"，即绳子能把木头锯断。比喻力量虽小，只要坚持就能成功。"水滴石穿"，即水滴能把石头穿透。常比喻力量虽小，但只要坚持就能出现奇迹。"水到渠成"，指水流到的地方会自然形成沟渠，比喻做事要顺其自然，条件成熟就会成功。"天机"，指天赋的灵机，即天意的意思。

荀子《劝学篇》中说："锲而舍之，朽木不折；锲而不舍，金石可镂。"如果在学习中知难而退，浅尝辄止，那必定学无所成。"绳锯木断，水滴石穿"，喻示着一种坚毅的精神，一种百折不挠的勇气，一种坚定必胜的信念。它包含着对艰苦的磨炼，对意志品质的考验。能够经受住这种生活中的磨炼与考验，在学习中也就不会畏惧任何障碍了。

宋濂，字景濂，明朝初年浦江人。官至学士承旨，知制诰。主修《元史》，参加了明初许多重大文化活动，参与了明初制定典章制度的工作。颇得明太祖朱元璋的器重，被人认为是明朝开国大臣之中的佼佼者。

宋濂年幼的时候，家境十分贫苦，但他苦学不辍。有一天，天气特别寒冷，冰天雪地，北风狂吼，以至于砚台里的墨都冻成了冰，但他仍然埋头苦学，不敢有所松懈，借来的书坚持要抄好送回去。抄完了书，天色已晚，他仍然冒着严寒，一路跑着还书给人家，一点不敢超过约定的还书日期。因为他守信，许多人都愿意把书借给他看。他因此能够博览群书，增加见识，为他以后成才奠定了基础。

【原文】

绳锯材断，水滴石穿，学道者须加力索；水到渠成，瓜熟蒂落，得道者一任天机。

【译文】

把绳索当锯子摩擦久了可锯断木头，水滴落在石头上时间一久就可穿透坚石，同理做学问的人也要努力用功才能有所成就；各方细水汇集在一起自然能形成一道细流，瓜果成熟之后自然会脱离枝蔓而掉落，同理修行学道的人也要听任自然才能获得正果。

面对贫困、饥饿、寒冷，宋濂不以为意，不以为苦，而他所追求的是成大业，努力向学。到了20岁，他成年了，就更加渴慕圣贤之道，但是也知道自己所在的穷乡僻壤缺乏名士大师，于是不顾疲劳，常常跑到几百里以外的地方，去找自己同乡中那些已有成就的前辈学习。有一位同乡位尊名旺，同他来往的名人很多，名气也很大，有不少人去他那里学习，他的言辞和语气很不客气，一副盛气凌人的样子。宋濂就侍立在旁边，手里拿着儒家经典向他请教，俯下身子，侧耳细听，唯恐落下什么没有听明白。有时候这位名气很大的同乡，对他提出的问题不耐烦了，大声斥责他，他则脸色更加恭敬，礼节愈加周到，连一句话也不敢说。看到这位同乡高兴的时候，宋濂又去向他虚心请教。宋濂还自谦地说："我虽然很愚笨，但也学到了许多东西。"

后来他觉得这样学习不是长久之计，于是就到学校里拜师学习。一个人背着书箱，趿拉着鞋子（因为鞋破），从家里出来，走在深山丈谷之中，寒冬的大风，吹得他东倒西歪，数尺深的大雪，把脚下的皮肤都冻裂了，鲜血直流，他也没有知觉。到了学馆，人几乎被冻死，四肢僵硬得不能动弹，学馆中的仆人用热水把他全身慢慢地擦热，用被子盖好，很长时间以后，他才有了知觉，暖和过来。

为了求学，宋濂住在旅馆之中，一天只吃两顿饭，什么新鲜的菜、美味的鱼肉都没有，生活十分艰辛。但他根本没有把吃得不如人、住得不如人、穿得不如人这种表面上的苦当回事。

正是宋濂能忍受穷苦，具有持之以恒、勤而不辍的精神，才得以成就一番事业。他的那些同学生活得很富足，可又有几人名留青史呢？

宝剑锋从磨砺出，经得住艰难困苦的考验，拥有锲而不舍的精神，人生一定会谱写出精彩的篇章。绳锯木断、水滴石穿是经年修行的积累所致，锲而不舍、金石可镂，就是刻苦修习的结果。

2. 学以致用，注重实际

《菜根谭》中说：“读书不见圣贤，如铅椠庸；居官不爱子民，如衣冠盗；讲学不尚躬行，如口头禅；立业不思积德，如眼前花。”意思是研读诗书却不洞察古代圣贤的思想精髓，只会成为一个写字匠；当官却不爱护黎民百姓，就像一个穿着官服、戴着官帽的强盗；讲习学问却不身体力行，就像一个只会口头念经却不通佛理的和尚；创立事业却不考虑积累功德，就像眼前昙花一样会马上凋谢。

在春秋末年、战国初年，我国出了一位举世闻名的医学家——扁鹊。

扁鹊的医术很高明，有许多动人的行医故事流传于世。

有一次，他和他的两个徒弟路过虢国。恰好虢国的太子“死”了。京城里闹闹嚷嚷，有的人在祈祷，有的人忙着奔丧。

扁鹊找到太子的从属官中庶子，详细地询问了太子发病的情况和“死亡”的时间，便自我推荐说：“我觉得太子还可以活过来。”

中庶子说：“你这话说得太离奇了吧？死了的人怎么还能复活呢？这恐怕连小孩子也不会相信。”

【原文】

君子宅心似天青日白，不可使人不知；君子之才华玉韫珠藏，不可使人易知。

【译文】

君子有高深的修养，他的心地像青天白日一样光明，没有什么不可告人的事；君子的才华应像珍藏的珠宝一样，不应该轻易炫耀，让别人知道。

扁鹊说："既然你不相信，那就让事实说话吧——请你向国君报告一下，就说有一个名叫扁鹊的人能救太子的命，他现在等候在宫外，听候国君的吩咐。"

中庶子既然不相信这话，自然也不愿意为他报告。后来，经过扁鹊的再三说服，中庶子才把扁鹊的话报告了国君。国君听说扁鹊能把"死"去的太子救活，赶快跑出来迎接。

经过扁鹊的诊断，认为是"尸厥症"，也就是我们现在所说的"休克"或"假死"。扁鹊师徒三人立刻开始抢救。不一会儿，太子果然活过来了，接着又进行热敷，还让他吃了二十天的汤药，太子完全恢复了健康。

从这以后，天下人都知道了扁鹊有起死回生之术。

【原文】

钟鼓体虚，为声闻而招击撞；麋鹿性逸，因豢养而受羁縻。可见名为招祸之本，欲乃散志之媒。学者不可不力为扫除也。

【译文】

钟和鼓中间都是空的，为了发出声响，就得用力击打；麋鹿天性自由散漫，为了获得稳定的饮食和住宿，就得被圈养。可见名声是惹来祸事的源头，贪图享受会丧失志气。为学的人不能不大力戒除这两种倾向。

扁鹊听了，却实事求是地说："我怎么能把死人治活呢？太子的这种病，只是表面静如死状，实际并没有真死；我只是用适当的治疗方法，把他从垂死中挽救过来罢了。"

又有一次，扁鹊经过齐国。齐国的国君蔡桓公用接待宾客的礼节招待他。

不料，他见到蔡桓公就说："你生病了。现在还在肤浅的部位，如不赶快治疗，会向严重的方向发展。"

蔡桓公说："我没病。"

扁鹊听了这话就走开了。

扁鹊走后，蔡桓公对左右的大臣说："当医生的就是见钱眼开，想要靠给没病的人治病来显示自己医术高明，博取名利。"

过了五天，扁鹊又来见蔡桓公，说："你的病已经发展到血脉里了，如不治疗，还会往深处发展。"

蔡桓公又说："我没病。"一副很不高兴的样子。

又过了五天，扁鹊又来了，说："你的病已经发展到肠胃里，如不赶快治疗，还会更严重。"

蔡桓公连理也没理他，扁鹊只好又走了。

又过了五天，扁鹊又来了，他看了看蔡桓公的脸色，扭头就往回走。这一走，蔡桓公却慌了神，赶忙叫人问扁鹊是怎么回事。

扁鹊说："国君的病已经发展到骨髓里了，我已经无能为力了。"

果然，没几天，蔡桓公便一命呜呼了。

扁鹊通过对病人外在表现的观察，就可以准确判断病人的病情严重程度，其洞察力已到了出神入化的地步。扁鹊还把他所学的医术运用到实践之中，为中医学做出了巨大贡献，他首先确立了"望、闻、问、切"的诊断方法。所谓"望"，就是观病人的气色，看病人的舌苔；所谓"闻"，就是听病人的呼吸和说话声音；所谓"问"，就是问病人的发病经过，自我感觉；所谓"切"，就是按脉搏，诊断心、肝、肺、胃、脾、肾等处有什么毛病。他在实践中总结的这些诊断技术，至今还被作为中医的传统诊断方法而采用。此外，他还注意常见病、多发病的预防和治疗，会运用汤药之外的针灸、石砭、热敷、按摩等多种治疗方法，并提出了不给"信巫不信医""骄恣不论于理"等人治病的"六不治"之说。这些都是非常可

【原文】

矜名不如逃名趣，练事何如省事闲。孤云出岫，去留一无所系；朗镜悬空，静躁两不相干。

【译文】

炫耀名声还不如逃避名声更有趣味，练达世事也不如多省一事来得悠然自得。孤云从山谷中飘出来，它的去留和什么都没有关系；一轮明月悬挂在天空，世间的安静或喧闹与它毫无关系。

贵的。

我们虽然很难成为扁鹊这样的神医，但可以学习他细致入微的观察能力，在学习和工作中，以"望、闻、问、切"为准则，准确了解实际情况，一切从实际出发，从而找出问题根源，对症下药，避免对理论知识的生搬硬套。我们提倡走出书斋，读无字之书，这样才会读出成就，读出思想，读出创造。跳出小书斋，走向人生社会的广阔天地，这才是真正的课堂。但是许多读书人并不明白这个道理，往往满足于对现成书本的注释，满足于小小书斋中的安逸和宁静。我们这样讲并不是说不该去读书本知识，并不是看不到书本知识的重要性，恰恰看到了书本知识的作用和它的局限性，因此才提出了这样的口号：走出书斋，走向生活，深入实际，注重实效。

【原文】

富贵是无情之物，看得它重，它害你越大；贫贱是耐久之交，处得它好，它益你深。故贪商於而恋金谷者，竟被一时之显戮；乐箪瓢而甘藜绺者，终享千载之令名。

【译文】

富贵是无情之物，把它看得越重，它对你的危害就越大；贫贱是持久的好朋友，相处越久感情就越深。因此，贪图金钱的人就像石崇一样被杀，安于贫困的人就像颜回一样千载流芳。

3. 书中有高雅，会意在心灵

人人都喜欢追求高雅，是因为高雅会使人为之喝彩。它像涧边的幽兰微微地散发着香气，它像天边的彩虹显现着迷人的美丽。

通常人们追求气质高雅大多是通过打理发型与衣着，讲究色彩与配饰，这算是从外部获得的高雅。其实，从内在的方面去打造，去寻觅，去挖掘，往往能获得更加持久而高雅的感受。比如"腹有诗书气自华"，多掌握一些知识，多注重自身修养，你不感觉这种高雅更渗透着一种无穷的魅力吗？尤其在当今知识化经济时代，学识与修养在许多场合中已经成为"高雅"二字更有力的"代言人"。为此，我们可以说书中有真金，书中有高雅。"善读书者，要读到手舞足蹈处，方不落筌蹄。"这就是读书读出了至乐，读出了一种不陷入机械而心领神会的境界，读出了一种领悟精髓而意趣悠闲的清朗。这岂不是高雅之极？当然这还需要会读书，读得进，走得出，让清音雅韵在心灵的会意中飘逸。

南宋理学家、文学家朱熹读书最大的特点就是会意用心，曾和他同龄的孩子只满足于读书、识字、背诵，而他却用心去体会书中的道理，一旦领悟了书中的道理便会手舞足蹈。他认为，读书不明其意，就算读得再多也是白读。

他在《观书有感》一诗中写道："半亩方塘一鉴开，天光云影共徘徊。问渠那得清如许？为有源头活水来。"意思是：池塘清澈见底，宛如一面镜子；水底和天空中的云彩相互辉映。于是，诗人很羡慕池水能够这样清澈，原来是因为有源头的活水不断地流进来。

哲理性的诗句从诗人平时读书学习的体会中而生，从悟得精髓、心灵会意中一跃而出。其美其雅，自然见得。

古人说"书中自有黄金屋，书中自有颜如玉"，而今天，这句话仍有一定的普遍意义。因为努力学习知识是永不过时的真理。一个人的能力是有限的，财富也是有价的，而只有知识是无限和无价的，正如高尔基所说："书籍是人类进步的阶梯。"高雅不是天生的，只要你愿意，爱学习，知识可以充实人生，书卷可以使任何人都变得高雅起来。

读书做学问，其心智需要既独立于身边的万物，又要使自己全身心地投入其中，并与自然万物及社会万事融为一体。做到心神融洽、不泥其迹，你会很快进入一个新境界，不仅会得到妙悟，你的事业也会蒸蒸日上。

【原典】

善读书者，要读到手舞足蹈处，方不落筌蹄；善观物者，要观到心融神洽时，方不泥迹象。

【译释】

善于读书的人，要读到心领神会而忘形地手舞足蹈时，才不会掉入文字的陷阱中；善于观察事物的人，要观察到全神贯注与事物融为一体时，才能不拘泥于表面现象而了解到事物的本质。

4. 敏而好学，不耻下问

【原文】

心是一颗明珠。以物欲障蔽之，犹明珠而混以泥沙，其洗涤犹易；以情识衬贴之，犹明珠而饰以银黄，其洗涤最难。故学者不患垢病，而患洁病之难治；不畏事障，而畏理障之难除。

【译文】

人的内心就像一颗明珠，若是被物欲蒙蔽了，那就好像明珠掉进了泥沙里，洗涤干净特别容易；若是有了六欲做贴衬，那就如同明珠被镶上了金银，洗涤起来就很难了。所以，对做学问的人来说，不担心其有泥土之病，而担心其有理念之疾；不怕行为上的错误，而怕思想上的错误。

一个人一生拥有的知识很多是从书中得来的，不过也要听取人们的言论，观察周围事态的变化，因为仅仅靠从书中得来是不够用的，更不要说书中的知识还会有偏差和错误。当一个人学识肤浅时疑问就少，学问越高深，疑问就越多，因此古人才有"学无止境"的说法。不论求幸福，还是求知识，都需要经过个人的努力，经过反复锤炼才会得到，才会牢靠。

陆九渊，字子静，号存斋，又称象山先生，南宋江西抚州金溪县青田人。其八世祖曾任唐昭宗之宰相，其六世祖于五代末避乱徙居，遂成金溪陆氏。

陆九渊自幼颖悟，性若天成。三四岁时，经常服侍父亲，极善发问。一日，忽然问道："天地何所穷际？"其父笑而不答，他则"深思至忘寝食"；其父呵之，便姑置不想，而胸中疑团不散。五岁读书，六岁受《礼经》，八岁读《论语》《孟子》，尤善察辨。闻人诵程颐语录，便说："伊川之言，奚为与孔子孟子之言不类？"从此对程颐的理学产生怀疑。十一岁时，常于夜间起来秉烛读书，其读书不苟简，而勤考索。十三岁时，与复斋（指其兄陆九龄）共读《论语》，忽发议论说："夫子之言简易，有子之言支离。"

一日，复斋（时年二十）于窗下读《伊川易传》，读到《艮》卦，对程颐的解释反复诵读，适逢陆九渊经过，便问："你看程正叔此段如何？"陆九渊答道："终是不直截明白。'艮其背，不获其身'，无我。'行其，不见其人'，无物。"如此透辟的解说，在他却似信口道来。

又一日，陆九渊读书至古人对"宇宙"二字的注解："四方上下曰宇，往古来今曰宙"时，恍然大悟道："原来无穷！人与天地万物，皆在无穷中者也。"终于解开了十年前百思不得其解的难题。于是，他进一步开阐说："宇宙便是吾心，吾心即是宇宙。东海有圣人出焉，此心同也，此理同也；西海有圣人出焉，此心同也，此理同也；南海北海有圣人出焉，此心此理，亦莫不同也。"陆九渊心学之大端，于此尽显无遗。后来，门人詹阜民问："先生之学亦有所受乎？"陆九渊说："因读《孟子》而自得之。"这正是陆九渊与理学家的不同之处。

五十三岁时，陆九渊奉命守荆门军，此处乃古今争战之所，宋金边界重地，素无城壁。早有人欲意修筑，却惮费重不敢轻举。陆九渊仔细研究后，只用三万缗钱即告完成。平日他常常检阅士卒习射，中者受赏，郡民亦可参与。料理一年，兵容大振，丞相周必大称赞说："荆门之政，可以验躬行之效。"充分肯定了心学的修身应事之功。

尚在童幼时，陆九渊即开始探究"天地何所穷际"这个宇宙的大秘密。陆九渊说："人心非血气，非形体，广大无际，变通无方。倏焉而视，倏焉而听，倏焉而言，又倏焉而动，倏焉而至千里之外，又倏焉而究九霄之上。'不疾而速，不行而至'，非神乎！不与天地同乎？"

又说："心，只是一个心。某之，吾友之心，上而千百载圣贤之心，下而千百载复有一圣贤，其心亦如此。心之体甚大，若能尽我之心，便与天同。"所以，当他看到"四方上下曰宇，往古来今曰宙"这句古文时，便不禁发出感慨：原来无穷！天地无穷，我心亦无穷。"万物森然于方寸之间，满心而

【原文】

一苦一乐相磨炼，练极而成福者，其福始久；一疑一信相参勘，勘极而成知者，其知始真。

【译文】

在人生路上经过艰难困苦的磨炼，磨炼到极致就会获得幸福，这样的幸福才会长久；对知识的学习和怀疑，交替验证探索研究，探索到最后而获得的知识，才是千真万确的真理。

发，充塞宇宙，无非此理。"因而，"宇宙便是吾心，吾心即是宇宙。""宇宙内事，是己分内事；己分内事，是宇宙内事。"所以，他要人"收拾精神，自作主宰"，不崇拜古人，不迷信先儒，做顶天立地的超人。

在艰苦中磨炼而得的幸福足以珍惜而长久，在温室中的花朵是经不起风吹雨打的。求知也是同样的道理。要在学中发问，在问中求学，边学边问，才会有进步。未经思考学来的知识，无法转化成智慧，所以求知不但要勤学苦读，更要敢于质疑，善于提问，不断求证，才能实现自我突破和自我超越。

参考文献

[1] 陈默．鬼谷子[M]．长春：吉林美术出版社，2015.

[2] 梦华．鬼谷子一日一谋[M]．长春：吉林文史出版社，2018.

[3] 贾立芳．活解活用鬼谷子谋道[M]．北京：北京联合出版公司，2015.

[4] 许燕．鬼谷子与中国式管理[M]．北京：企业管理出版社，2006.

[5] 岳阳．鬼谷子[M]．郑州：中州古籍出版社，2008.

[6] 孙林．菜根谭[M]．北京：中华书局，2022.

[7] 吴言生．菜根谭[M]．上海：上海古籍出版社，2016.

[8] 王朋飞．菜根谭[M]．北京：北京联合出版公司，2015.

[9] 赵月华．读菜根谭悟人生大智慧[M]．北京：中国商业出版社，2008.

[10] 王涵．读菜根谭悟经典人生[M]．北京：中国华侨出版社，2008.